U0015275

回到滬之島

澎湖石滬與里海生活誌

楊馥慈、曾宥輯——著

推薦序

《上下游副刊》總編輯

——古碧玲（字耕農）

那是夏日，許多國外觀光客在澎湖吉貝島上鏽蝕的鐵皮屋小店換上裝備，被帶往潮間帶走一趟，他們掛著無趣乏味的表情。

而我望著整條巷子裡屋宇倒塌的老古石屋裡，扔滿廢棄家電與摩托車，菜宅被銀合歡纏繞掩沒，玄武岩的石滬逐一荒廢，那是當地最具特色的觀光資源，卻一一傾圮，心想：「你們難道不知道自己擁有最寶貴的資源呀？」

二〇一七年，得知馥慈和宥輯從臺灣的大學轉學回澎湖，開始向資深工匠學習修復石滬，立刻向馥慈邀稿。這中間知道他們膚色愈來愈黑，愈來愈會說澎湖的故事，愈來愈像做滬的人，心底想著：「這事成了。」

時隔六年，《回到滬之島》出版，馥慈和宥輯從全世界漁滬的起源，各地人們如何用滬來捕魚開始敘述他們投入澎湖石滬修復工作，從自身望向他處，再從他處遠眺自身，讀者不僅大長見識，更看到地方創生的靈魂，而且把故事講得極生動，不禁要讚嘆書寫得極佳，忍不住為他們擊掌說：「好樣的！」

推薦序

海洋保育署署長

——黃向文

一直就只以為澎湖雙心石滬是個美麗而浪漫，僅存在於歷史的傳說。直到認識馥慈、宥輯，才感受到石滬溫暖而真切的存在。

近七百口石滬，背後象徵曾有著七百群守護者，承載著七百家「石滬股份有限公司」的歷史，承載著澎湖人的期望，守護著海洋。跟著他們的腳步，一起修石滬，一起認識澎湖一群依海而生的海人。

看著桃園、苗栗石滬相繼受到關注，謝謝離島出走引領了修復石滬的風潮，也讓大眾有機會再度認識臺灣海洋歷史。

詳實的漁滬調查、親身的石滬修復實踐，那些絕非三言兩語就能夠輕描淡寫的路途，濃縮在這《回到滬之島》一書中，令人驚喜、也令人敬佩。

身為同樣是離開家族鄉境、與家族經驗脫節的一代，謝謝馥慈和宥輯的探訪行動、內容紀錄，讓人一起經歷了這段重新返鄉、重新認識鄉土的旅程。這是一本漁滬文化的代表作之外，更是一本勇氣之書，召喚著每個欲近鄉卻又情怯的離鄉之人。

《地方設計》作者
——蔡奕屏

回家的路，在海上

第一次修復石滬的經歷，距離寫書的當下已經過了快六年的時間，回想那段與大海為伍，潮落而作潮起而息的夏季，格外印象深刻，那時陽光留在身上的晒印，已經成了皮膚的底色，內化為自己的一部分，如果沒有這段時光，就沒有現在的我們與離島出走，也不會與師傅、紅林罩成為在地方最緊密的夥伴。

修滬期間往潭邊跑，修滬結束往紅羅跑，就是不常乖乖待在家，因為家裡的人起初並不諒解返鄉這回事，尤其自己應該好好讀大學卻又總做些讓他們感到困惑的事。

在澎湖成長的經歷裡，不論是家裡長輩、學校師長，都是期望孩子們能往臺灣本島、大都市裡發展，除非是有穩定的家業或考取公務員，不然返鄉的頭幾年確實是個煎熬的過程，離島的人際關係緊密，常出個門就會碰上認識的親戚朋友，一時間也很難解釋自己為什麼會出現在澎湖（現在回想起來，待在自己的家鄉為什麼需要解釋呢？），只好盡量遠離一些聚會場合，讓自己完全沉浸在田野與石滬裡。

本來就這樣與家人們維持著「話不投機半句多」的相處模式，直到有一天，阿嬤看見我一身修石滬鍛鍊出來的黝黑皮膚，終於忍不住問我了，「妳到底是每天跑去哪裡，把自己晒得這麼黑？」

禁不起阿嬤的拷問，我支支吾吾地回著，「無啦，我去紅林罩佮老師傅學修石滬啦！」這時候的我已經算是可以用臺語跟阿嬤對答如流了。

「蛤？妳去跟老師傅學修石滬？」阿嬤聽了大吃一驚，露出不可置信的眼神看著我。

我知道，這回答肯定會讓阿嬤出乎意料，雖然以前家裡就有在討海，但小時候的我常被教育「海很危險，不要靠近」、「女孩子不用學這些！」，家人為了保護我卻把我養成了一個靠海不懂海的澎湖小孩，而如今這孫女竟然會跟阿公阿嬤說自己在「修石滬」。

後來阿嬤似乎某種開關被打開，劈里啪啦地問，修哪裡的石滬？修多久？還有沒有魚？怎麼沒有抓一兩條回來孝敬？我看阿嬤問得很起勁，我也開始天花亂墜地說起這段修滬的故事，阿嬤也聽得一愣一愣，我可能從來沒有跟阿嬤有過這麼合拍的話題。

在結束對話前，阿嬤嘆了一口氣說，「唉，既然妳喜歡修石滬，不如去把我們家的石滬修好！」

一聽到「我們家的石滬」這幾個關鍵字，我馬上跳起來驚呼，「阿嬤！我們家也有石滬喔？」

「哼，妳不知道吼！」阿嬤得意地笑。

沿著阿嬤的敘述，我趕緊去翻閱過去的文獻，結果就在西衛里的一口石滬下，看見了阿公陳德水的名字，我當下深吸一口氣，那種五味雜陳的不真實感難以言喻，回想起那些阿公拿回家的魚，原來自己也是被石滬養大的孩子呀……。

據阿公口述，家裡的石滬有兩口，一口名叫「舊滬」，是先祖傳下來的家族石滬，另一口叫「騰風滬」，是友人無心巡滬而請阿公代管。舊滬位處西衛潮間帶的最遠端，離岸超過一公里，建於清朝年間，代代相傳，是家族養家活口的重要資產，阿公在腳受傷以前，還是偶爾會到舊滬裡捕魚，沙蟹、軟絲和臭肚魚都是常出現的漁獲，只是後來因為漁獲減少、石滬沒落，長輩們覺得已沒有提及的必要，到我這代就此失傳了。

冥冥之中似乎注定好了，剛返鄉時總覺得自己不接地氣，找不到自身與澎湖之間的連結，但因為石滬，讓我找回對家鄉的情感，如果我今天沒有選擇返鄉，沒有開始修石滬，那我可能一輩子都不會知道自己家有石滬，家族的舊滬也可能斷送在我這代，成為一口無主石滬，再也找不到它曾經的主人，只能說，一切都是最好的安排。

自從知道家裡的石滬後，一直想找機會在大退潮時去見上一面，但阿公阿嬤年事已高腳力不好，不便在潮間帶上長途跋涉，這件事就被我暫時擱置在心底，直到二〇一九年接到了大愛電視台的《熱青年》拍攝邀請，當時的紀錄片導演潘信安得知此事後，提議可以透過無線電的方式讓阿公在岸邊帶著我找到家裡的石滬，最後，在劇組的細心安排下，阿公阿嬤陪著我到西衛的潮間帶旁，展開祖孫尋滬的任務。

阿公阿嬤在岸上的涼亭看著，我們手中的無線電也測試完畢，我就鼓起勇氣走進阿公阿嬤以前的地盤，說來慚愧，其實我從來沒有走過我家的潮間帶，這是我踏出的第一步，在找回自己的路上。

舊滬在西衛潮間帶的最末端，這意味著我必須穿越至少三、四口石滬，涉水走過一公里以上的路程，沿途礁岩密布，過膝的水深，每一步都很艱難，第一次感受到何謂茫茫大海不知方向，好險在岸上的阿公透過無線電清楚地指引我，「這邊開始要往西邊走」、「那邊有一塊大石頭要轉彎」，阿公在沒用望遠鏡的輔助下，憑著多年討海的好眼力與記憶力，已經把整條路線都印在腦海中了。

跟著阿公的聲音，就這樣在海中漫步了一個多小時，路途的顛簸反而令我沉下心來回想，自己在返鄉這條路上的種種，已經走了那麼遠，卻又好像剛出發一樣，原來，回家的路，在海上。

「已經到了！」阿公的提醒透過無線電傳來，而我剛好正要停在一個殘破不堪的滬房面前，失落的舊滬結構鬆散，看著上頭長著五顏六色的珊瑚，感受到滄海桑田的歷史，淚珠不禁在眼眶打轉，「這是我們家的石滬……」，長

久以來，那一塊我所缺失的拼圖，那一份屬於大海子民的認同感，我好像終於找到了。

很難想像，我曾是一位與阿公阿嬤沒話聊的孫女，但現在我走進他們的生活，懂得他們的語言，有些滬的產權複雜，但卻因複雜而珍貴，追溯到百年的歷史，後代的子子孫孫因滬而相連，集體的海洋記憶集結成無數個關於滬的故事，謝謝一切都還來得及，讓我也成為故事裡的主角。

我堅信，石滬擁有無限的影響力，全澎湖將近有七百多口的石滬，不也代表著，或許有許多人跟我一樣，其實跟石滬有著未完待續的連結，秉持這個信念，我們後來創辦了澎湖石滬資訊平台Stoneweir.info，為海洋後代保存影像與故事，期望有一天，石滬可以重新走進島嶼人的日常，回到與海洋共好的年代，就出發吧！讓我們在石滬中相見。

目次

Chapter III 紅林罩的潮汐，與他和她的海海人生

Chapter IV 澎湖滬口調查

不論是七美雙心石滬、高雄竹滬、淡水的舊名滬尾，或是中國上海的簡稱滬，這些留下來的名稱揭示了滬與早期居民的漁業生活息息相關，雖然如今大多數的滬已被歷史所淡忘，但還有一種滬持續出現在大眾的視野裡，不僅是潛移默化成為地名，更在世界各地都遺留下了許多前人與海洋共處的痕跡，它就是「石」滬。

I

從漁滬文化到石滬經營學，
關於石滬
你所不知道的二三事

人與滬的大歷史

人自古就會捕魚，魚肉一直以來都是人類重要的蛋白質來源，考古證據也支持一百萬年前的直立人就已經在捕魚，相信只要人類還存在，未來捕魚的活動也不會斷絕，可以說，人類的發展史與捕魚脫離不了關係。話雖如此，但當漁業從自給自足走向商業捕撈之後，動手捕魚這件事已經距離現代人的日常生活太過遙遠了，像是在臺灣，能接觸到捕魚資訊的媒介，除了Discovery頻道的紀錄片，可能就只剩Facebook跟YouTube上推播的中國趕海影片。

可能很多人有看過其中有名的抽水機系列，幾個人乘著小筏來到一窟深不見底的天然水池，接著介紹起各種稀奇古怪的餌料，投放進池中後，隔幾天再回來把水抽乾見底，這時各式各樣的漁獲無處可跑就任人抓捕了。姑且不論影片的真實性，但這種看似奇葩的捕魚方法，卻感覺出奇地合理，對吧？不要意外，這是因為人類先祖老早就在用類似的方法捕魚了。

造滬抓魚是人類的本能？

在人類源遠流長的捕魚歷史中，你可曾想像過史上第一個出現捕魚行為的畫面？在魚叉魚矛、釣鉤釣線還有其它工具或陷阱被製作出來之前，那可能只是在某一處淺水泥灘，史前人類望著受困在淺灘的魚，突然意識到這就是一頓現成的免費午餐，於是徒手伸向水裡抓握起滑溜的魚身，此後，捕魚的行為就烙印在全體人類的基因中，無論身處哪一片大陸或區域，依然會發展出原理相近的捕魚方法，其中之一就是「滬」——這是一種橫跨世界與時代的共通漁法，更是一種集體的念想，不分人種與族群，所有討海人都試圖在自然的環境中，還原出那個老祖先可以輕鬆抓魚的情境，回到最初那一窟把魚困住的淺池，或許，這就是滬的起源。

National Film Board Photostory No. 365 For Release on or after TUESDAY, June 2, 1964

Age-Old Hunt For Fabled Fish of Canada's North

SAPOTIT - Where The Char Run Big

As the sky-circling sun of the arctic summer skims ever-lower during its midnight arc across the northern horizon, families of Canadian Eskimos head inland. With the sun's long, drawn out, day-by-day farewell giving warning of yet another far-off winter to be provided against, the hunters, living in the ways of their forefathers, make for the ice-cold rivers where the big fish gather. As glistening, sleek, fat-bellied arctic char leave ocean feeding grounds to shoal in the river waters, the Eskimos build stone walls in th[illegible] current to trap the [illegible] fish. For days men toil waist deep in the frigid pools, piling rocks against the river's flow. When all is ready and the fish are trapped, hunters take their spears, wade among them in great excitement. Small fish and agile fish are lucky. Through holes in the weirs and by leaping the stones they break free to continue up-river. Numbed by the water's chill, the hunters drag their catch ashore for cleaning, set aside tasty fish bellies for future feasts, eat a few fish [illegible] as they work away. [illegible] placed in piles and covered by rocks, the fabled fish of the north—a staple food in times of want—is cached for the [illegible] sustenance of man and [illegible].

Eskimo hunter Iteemangnak, holding his fish spear constructed of musk-ox horn prongs bound onto a wooden handle with sealskin thongs, is delighted at his catch.

A dozen miles upstream from salt water, near Pelly Bay, 100 miles inside the Arctic Circle, Eskimos spear fish at a *Sapotit*—fishing site. Stone walls of trap must be rebuilt each year in icy water.

NATIONAL FILM BOARD PHOTOSTORY

Iteemangnak, his wife Panneeak and their son pull catch to river bank for cleaning.

As char runs increase in size, catches of fish mount up in front of Eskimos' seal and caribou skin tents. Fish are cached under rock piles to await winter's need.

One of the women, with child on her back, at work spearing arctic char – a succulent fish of the salmon family that vies with its Atlantic cousin as a delicacy.

一九六四年，伊努特人以石滬捕獵北極紅點鮭。（圖片提供©National Gallery of Canada）

一開始，在水淺的流域中捕魚，求生的本能只需要粗糙的雙手，就可以將魚從幾乎乾涸的淺池中捧起，後來的人類則漸漸展現出敏銳的洞察力與可行的創意力，察覺水域環境的變化與規律、魚類的習性，他們知道想要一勞永逸地抓捕大量漁獲，就不能只是一味地使用現有的環境，而是要主動地營造出會讓魚群擱淺的區域——生活在內陸的遠古先民，開始在熟悉且安全的淺水區捕魚，在潺潺的河川溪流用簡易魚叉尋找肥美的目標下手，或是在湍急的水勢中用石頭築成圍籬直接堵住洄游魚群的去路。然而，隨著資源減少、人口擴張還有人類冒險的天性，部分族群開始轉往濱海沿岸遷徙探索，在那裡的水域環境、魚類習性顯然不同，面對大海潮汐漲退的陰晴不定，滬的設定也多了些變化。

一千七百多年前，三國西晉時代的史學家張勃在其著作《吳錄》寫道，「江濱漁者，插竹繩編之以取魚，謂之扈業。」說明當時從事扈業的漁民在江邊插上用繩子固定編排的竹子抓魚，這是中國最早關於滬的紀錄，沒有提及滬捕魚的原理，只有簡單的描述。直到兩百多年後，南朝梁的顧野王《輿地志》才有所琢磨，「扈業者，濱海漁捕之名，插竹列於海中，以繩編之，向岸張兩翼，潮上即沒，潮落即出，魚隨潮礙竹不得去，名之云扈。」前半段意思基本一樣，後半段翻成白話文則是說，滬的開口朝岸上，呈雙手環抱的姿態，漲潮被海水蓋過，退潮後露出海面，此時想返回大海的魚就會被滬給攔截。短短兩句話就完整概括滬的使用地點、建築材料、開口方向、形制樣式、潮汐原理，也呈現了漁滬技術的演變與進化——比起淡水流域單純的流向，在海裡建滬更依賴漁民的經驗與觀察。

古人的石頭建築學

滬是人類最早使用並一直沿用至今的捕魚陷阱之一，除了外形千奇百怪，就連建築的材質也因地制宜而有分別，如木頭、竹子、岩石、植物纖維等。在教育部《重編國語辭典修訂本》中對於「滬」這個漢字的釋義為「古代捕魚用的竹柵」，說明了中國早期的滬多使用竹子編織而成。

而用於漁獵的石滬，一般認為起源在中石器時代，相比其它材質的滬，石頭不像竹子或木材遲早會腐爛，由石頭蓋起來的石滬因爲質地重、分量大，施工起來耗時耗力不容易遷移，所以完工後幾乎會在原地直到海枯石爛，就算改朝換代，只要不受到強大的外力影響以致完全消失，那終究會留下歷經滄桑的殘跡，供給人們未來尋覓的線索，這是石滬在漁業歷史上留名的最大優勢。

以目前所知，「石滬」的中文一詞最早出現在明朝嘉靖八年（一五二九年）的《惠安縣志》：「石滬四十一所，已上每所科夏稅鈔二文，秋租鈔一貫五百文，秋糧正米二斗。」紀錄指出在中國泉州的惠安縣有四十一口石滬，並且比照田賦制度，每一口石滬每年都要按季節分別繳稅，由此可見，當時官方視石滬為稅收目標，等於間接承認石滬漁撈具有一定的生產力。

隨著聚落的人口成長、食物的需求增加，部分的人為了獲取更大量的漁獲開始往沿海地區定居發展，興建少量石滬以自給自足，如此穩定地生活好一陣子，直到社會發生變革，石滬的設計從初期小範圍的簡單樣式，轉型成大規模的產業經濟，人們爭相興建石滬頓時躍升為現象級的存在，有土斯有財，石滬逐漸被賦予不動產的概念，衍生為個人或群體的資產，在近代所記載的官方文書與交易的民間契約等資料相當豐富，有助於後世的歷史考據，也奠定了石滬與眾不同的地位。

石滬的石材種類多元，因地域而異，澎湖是玄武岩、臺灣是卵石或安山岩、中國惠安是花崗岩、日本沖繩是珊瑚礁石灰岩，不同石材的特性會連帶影響石滬的組成，例如桃園、苗栗等地石滬是利用圓滾滾的卵石疊砌，因此透水性不佳，通常會另外再做排水涵洞，並且視排水的速度快慢來決定數量，主要目的是為了在退潮的有限時間內，快速將海水排出，方便漁民進行捕撈，現代多改用水泥管或塑膠管替代。而澎湖在地所產的是有稜有角的玄武岩，石塊排列後會自然留下大小不一的孔縫，除了有助於分散漲退潮時的水壓，更會形成適合魚蝦蟹種苗棲息的小小生態系，所以澎湖地區只有極少數的石滬會視情況設置排水構造。

1 日本沖繩下地島，石滬以珊瑚礁石灰岩疊砌。(攝影©田和正孝)

2 臺灣苗栗後龍，因卵石透水性差，需另增設排水涵洞。(攝影©趙書儀)

3 澎湖沙港倚內滬，以有稜有角的玄武岩疊砌，退潮時整口石滬的孔縫都能加速洩水，圖中白色部分即為排出的水流。

世界的石滬，石滬的世界

石滬乍看之下只是簡單幾顆石頭擺起來的捕魚陷阱，但實際上，裡頭蘊含的知識與歷史絕對超乎想像，放眼全世界，在人類與海洋共生共存的文化中，難道只有中國沿海跟臺灣才有石滬嗎？其實，世界上多數你叫得出名字的國家都有石滬，光是在臺灣，就可能曾經有超過一千口的石滬，而全球七大洲除了無人居住的南極洲之外，幾乎都有石滬文化的分布，包括臺灣、中國、南韓、日本、菲律賓、印尼、東帝汶、巴布亞紐幾內亞、索羅門群島、密克羅尼西亞聯邦、馬紹爾群島、萬那杜、斐濟、薩摩亞、吉里巴斯、法屬玻里尼西亞、澳洲、印度、科威特、模里西斯、南非、西班牙、法國、愛爾蘭、英國、智利、美國、加拿大等地，就連在北極的伊努特人（Inuit）**1** 也是

1 ——昔統稱愛斯基摩人（Eskimo），其詞義為吃生肉的人，因帶有貶義，官方已改用伊努特人（Inuit）。導演 Quentin Brown 曾在一九六三年到一九六五年之間，拍攝伊努特人的傳統生活並製作系列影片，其中《Fishing at the Stone Weir》記錄了伊努特人在石滬中捕魚的畫面。

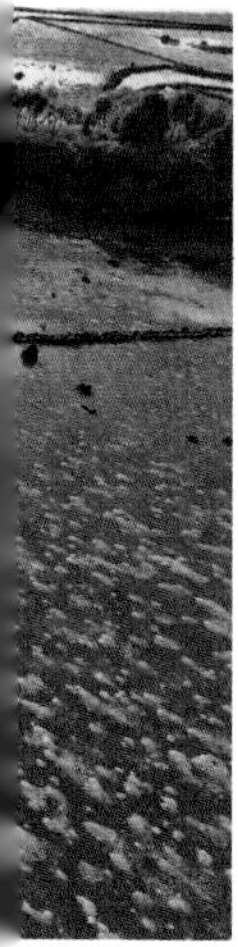

雅浦島的箭頭形石滬。(攝影©Bill Jeffery)

利用石滬來捕魚。

在冰天雪地的極圈，捕獵是伊努特人討生活的主軸，透過石滬圍捕鮭魚就是一種常見的方式，先派人走進石滬，搬石塊把缺口給堵上，然後上岸修整一下漁具，靜待時機，石滬裡就會逐漸蓄滿游不過去的魚群，不只男人跟小孩，連背著嬰兒的母親也會泡在冷水中用魚叉插魚，最後再帶著一整條的魚串上岸處理，展現出極端環境下的石滬文化。

遠在另一頭，溫暖炎熱的太平洋群島中，有一座不比澎湖大的小島，名為「雅浦島」(Yap)，千年來，當地的土著以石滬為生，整座島被七、八百口石滬給包圍，如今還有將近五十口石滬有在使用，雅浦人認為石滬象徵著人類與海洋之間的和諧關係，直到今天，他們仍嘗試修復石滬以挽回漁源枯竭的困境，雅浦島的石滬形似箭頭，或許標示著他們向海而生

1｜2　1　雅浦島的滬房近照。（攝影©Bill Jeffery）
2　雅浦島版本的雙心石滬。（攝影©Bill Jeffery）

的文化根基。

另一座在太平洋群島的「胡阿希內島」（Huahine），那裡有一座潟湖，潟湖連接出海口的是一條狹長的水道，裡頭有五、六口石滬，曲折蜿蜒的造形宛若折線圖，實際上是為了攔截水流捕魚，有考古隊在沿岸周圍挖掘後，發現來自九世紀的漁獲殘骸，除了常見的鮪魚、鰹魚、鯖魚，也有許多海龜、海豚，甚至是鯨魚的骨頭，推測沿岸居民可能有利用石滬進行季節性的密集捕撈。

同樣是湖，在英國北愛爾蘭東南方的斯特朗福湖（Strangford Lough）也有石滬，這裡的石滬呈V字形，而且典故跟基督教有關，當地有一座古老的格雷（Grey）修道院在十二世紀後期創立，考古學家認為就是修道院的僧侶在湖裡蓋石滬，因為石滬需要一定的人力與組織才能夠建造、使用跟維護，相信當時的漁

1 夏威夷歐胡島的魚塘。（攝影©Hans Van Tilburg）

2 歐胡島魚塘的水門是以竹子製成的柵欄，避免小魚出逃，也阻絕大魚入內掠食。（攝影©Hans Van Tilburg）

獲也足夠供應僧侶的生活，魚甚至多到可以晒乾或煙燻之後賣掉來維持修道院的運作。

時間來到現代，美國最近才在阿拉斯加東南方的水下找到疑似石滬的遺跡，研究團隊進行了海平面的模擬重建，最後推估這個遺跡至少有一萬一千一百年以上的年紀，也間接證實一萬年前的當地原住民曾在此生活，他們認為當時的原住民已經掌握鮭魚洄游的行為模式，並且創造出可以捕獲大量鮭魚的技術，也就是石滬，如果未來有更多證據支持這個遺跡就是石滬，那它將會成為目前世界上已知最古老的石滬遺跡，也會成為人與海自古以來共生的最好證明。

即便人類現在不用石滬捕魚了，但石滬依然是很好的觀光資源，是讓現代人與海洋接觸的媒介，不只臺灣澎湖，其實在一些大眾較熟悉的觀光島嶼，像是日本石垣島、南韓濟州島跟美國夏威夷都有石滬，而且夏威夷群島的石滬尤其特別，被稱之為「魚塘」(Fishpond)，它不只抓魚還可以養魚。

與海洋永續共生——由石滬展開的里海生活

整座夏威夷群島曾有過至少四百五十口魚塘，這個文化可以追溯到十二世紀，魚塘有很多種，有一種蓋在淡水流域的出海口，因為淡鹹水交會滋養海藻大量生長，魚苗被吸引進入魚塘覓食，當地人會圈養魚苗，並阻絕大型魚類闖入掠食，在魚苗成長茁壯前是禁捕期，等到魚群足夠成熟要返回大海時才可以圍捕，但當地人也不會一網打盡，而是會放部分種魚回大海繼續產卵，不僅如此，魚塘還跟當地的農業灌溉系統相連，居民會在鄰近的山坡地種植芋頭，農田引進水源，而從農田流入海中的沉積物讓魚塘的水更富營養，長更多海藻、吸引更多魚，形成一個「里山里海」的正向循環。

「里山里海」是日本提倡多年的一種概念，核心是透過經營管理進而永續利用自然資源，人類的角色不再是單方面索取，而是以永續共生的模式去與山林海洋互動，回歸自然生態的平衡。從夏威夷群島的魚塘與世界各地的石滬可以看到，其實石滬就是實現「里海」生活的一種方式——由自然材料構築的本體，對水域環境造成的衝擊負擔小；被動的等待，而不是主動出擊，所以不會產生想抓多少就抓多少的濫捕問題；即便石滬滿滿的都是魚，使用者也保有酌量抓取或抓大放小的選擇，漲潮後魚又重新回到大海，不會有誤捕或無差別屠殺的困擾。對比今日無節制，甚至是無節操的商業捕撈，對於海洋資源更加友善，存在著永續經營的概念，這也是為什麼石滬在今天還能重新引起討論的原因。

雖然石滬一直是友善漁法，但卻是冷門議題，直到二〇〇一年「聯合國教科文組織UNESCO」（聯合國教育、科學及文化組織）通過《水下文化遺產保護公約》，與人類共生上千上萬年的石滬被列入水下文化遺產的一環，並隨著現代科技的推波助瀾、大眾對於環境與文化的意識提升，以及石滬本身所蘊藏的海洋生態資訊，石滬在國際上漸成顯學，近年來，更因全球所面臨的海洋危機，致使聯合國宣布一項十年計畫「Decade of Ocean Science for Sustainable Development」，將二〇二一至二〇三〇年定為以海洋科學促進永續發展的十年，石滬也是其中重要發展的項目之一，學術界與科學家想透過蒐集世界各國石滬文化的範例，來實證石滬作為傳統漁法和人工魚礁的一種，在捕魚的同時亦有助於維持海洋環境生態，並在多國投入輔導社區重拾石滬漁法，來面對過度捕撈和漁源枯竭的窘迫。

石滬文化在不同時空與國度間穿梭，融入當地水文形成的幾何學，讓石滬擁有千百種樣貌，但不變的是人與海共好的精神，就像夏威夷的原住民相信每一口魚塘都有神靈守護，嚴禁污染與不當捕撈，還會設置神龕供奉帶有當地海洋生物色彩的守護神，敬天地與海共生的文化，古老卻蘊含大智慧，時間雖如海水般流過，魚兒來來去去，使用者世代更迭，但石滬留了下來，留給後代人更多想像與可能。

1 日本長崎島原市的石滬，滬內平坦安全，適合親子戲水。（攝影©田和正孝）

2 長崎島原市一年一度的石滬節。（攝影©田和正孝）

1 美國夏威夷島的魚塘遺跡。（攝影©Hans Van Tilburg）

2 夏威夷島重建魚塘旁的草寮，用來放置獨木舟。（攝影©Hans Van Tilburg）

1/2
1　位於法國西南部濱海，奧萊龍島的石滬，具有排水涵洞與類似岸仔的構造。（攝影©田和正孝）
2　奧萊龍島的石滬裡設有多個分區，可縮小捕魚範圍。（攝影©田和正孝）

1 南韓濟州島的石滬已成為當地重要的觀光資源。(攝影©田和正孝)

2 濟州島的其它石滬殘跡。(攝影©田和正孝)

澎湖，臺灣石滬的大本營

看了全世界石滬的前世今生，那臺灣自己的石滬文化呢？臺灣的石滬是否也有屬於自己的風華時代？除了澎湖，本島哪裡還有石滬？甚至曾有新聞報導全臺有近兩千口的石滬？

臺灣曾是石滬王國？

清朝在臺灣設府以來的第一本地方志就有提到滬，康熙二十四年（一六八五年）蔣毓英起稿的《臺灣府志》，記有臺灣府的納稅紀錄，「臺灣府共有大小罾、泊、滬三十八張口，每張口徵銀不等，共額徵銀六十一兩六錢。」由此可見，臺灣當時早有滬的漁業，也需要繳稅，只是不知道它所指的滬是「石」滬還是「竹」滬？也無法得知各自確切的數量。

直到康熙五十六年（一七一七年）周鍾瑄主修的《諸羅縣志》才有石滬的具體描述，「自呑霄至淡水，砌溪石沿海，名曰魚扈；高三尺許，綿亙數十里。潮漲魚入，汐則男婦群取之；功倍網罟。」呑霄就是現在的苗栗通霄，也就是說當時從苗栗通霄到新北淡水，沿岸都是石滬，漲潮時魚跑進石滬，退潮後不分男女老少都去抓魚，堪稱捕魚效果甚至比用網具還好。

《諸羅縣志》中還有收錄一首阮蔡文作的詩《後壠港》，裡頭有一段：「番丁日暮候潮歸，竹箭穿魚二尺肥（不事網罟，多築石扈；潮退，以竹箭射取）。」表示當時後壠社的平埔族不用網具，反而是蓋石滬，等退潮後才用弓箭射魚。

在十七世紀漢人移民來臺前，平埔族群早在臺灣北部、西部沿海定居生活，與石滬的分布相似，一般認為，臺灣本島的石滬起源於平埔族的漁獵文化，而且可能和南島語族的傳統文化有著密切關聯。

南島語族起源於五千多年前，可能是人類史上最早出現的海洋民族，千年來，他們憑藉著自製的簡單船具，橫跨太平洋與印度洋，在島與島之間不斷航行遷徙，其族群在世界上的分布區域極廣，南島語系總共有一千兩百多種語言，總人口數將近約四億，最北在臺灣，南至紐西蘭，西至馬達加斯加，東至智利復活節島，這個範圍裡頭除了臺灣原住民之外，還包含前文提到的太平洋群島，雅浦島、胡阿希內島、夏威夷群島也都是南島語族的一員，學者李明儒就發現石滬跟南島語族在地圖上的分布位置有高度重疊，所以猜想石滬文化可能是隨著南島語族的遷徙而被傳播到其它國家。

十七世紀至十九世紀，大量漢人來臺開墾，漢人與原住民交易土地之外，也收購石滬，除了看中石滬的多產，更可能是想延續原鄉的生活方式，像是來自澎湖吉貝的朱家搬遷到苗栗後龍，就向當地的道卡斯族人購買石滬，其他中國沿海的移民可能也對石滬漁業並不陌生而紛紛購置，在此期間，石滬契約的交易頻繁，而且移民的漢人不僅買石滬也自己蓋石滬，臺灣的石滬產業逐漸達到巔峰，到最後，多數還在經營石滬漁業的反而是漢人居多。

來到日治時期，日本一面探索摸清臺灣的農林漁牧業，一面逐步建立自己的管理制度，明治二十九年（一八九六年），在進行淡水的漁業調查時，日本人發現了當地有四十多口的石滬，並稱之為「漁堤」，早在一開始，日本就知曉臺灣石滬漁業的存在，也為此量身定做一套規範。

明治四十三年（一九一〇年），日本政府頒布《漁業法》，大正元年（一九一二年）再訂立《臺灣漁業規則》與其施行細則，臺灣的漁業當時主要被劃分為兩大類，「許可漁業」和「免許漁業」，石滬被歸在「免許漁業」的特別漁業，要申請取得「免許願」（漁業權執照）才可以經營，只有符合特定資格的人在特定區域才可以使用石滬。

日本政府一發布漁業章程後，為了討生活而前來申請的臺灣漁民絡繹不絕，據大正元

◎本島漁業之請許 本月五日發布漁業章程。其中得免許從漁者現約千數。而最多者卽爲石滬。該石滬卽以石塊築諸海濱。候潮水滿時以之捕魚。打狗西岸一帶及澎湖一帶。散在歷見又到下請許漁業。如前石滬約有二千件其餘申請總數。計有六萬。該許可收入。如一件二圓。約可收入二千圓。若一件五十錢。亦有一千圓。又提出申請收入一件二十錢。則全部亦一萬二千圓。總計可得一萬四五千圓。本島水產界之發展此可見矣。又內地來臺漁業者。多以基隆爲中心。打狗爲次。本年捕魚。則以大阪鱗爲根據地也。

一九一二年十二月八日《臺灣日日新報》，漁業章程發布後，申請總數達六萬，其中石滬約占兩千件。（圖片提供©漢珍數位圖書）

年（一九一二年）《臺灣日日新報》刊載〈本島漁業之請許〉，從高雄西海岸到澎湖，申請免許漁業的漁民有數千人，其中以石滬占最多數，約有兩千件的申請，想見當時石滬漁業的興盛。

值得一提的是，石滬漁業的申請件數高達兩千件，是指有兩千人提出申請？還是有兩千口石滬被申請？這兩者所代表的石滬數量天差地遠，有些石滬的產權複雜，會有多人同時申請一口石滬的狀況，如果總共有兩千人申請石滬的漁業權執照，代表實際上的石滬數量可能只有數百口。

經翻找《臺灣總督府檔案》裡的「特別漁業免許願」，可以發現申請石滬的漁業權執照需要共同持份者蓋印，由此可知，申請是需要同一石滬的所有持份者共同提出，而不是個人分別申請，所以不管有幾位申請人，一口石滬都只會有一份漁業權執照，換句話說，「石滬約有兩千

一九三二年，澎湖石滬寫真。（圖片提供©國立臺灣圖書館）

件」應可視為有近兩千口的石滬被提出申請，雖然佐證的資料有限，但說不定當時全臺包含澎湖真的有兩千口石滬，或許臺灣就是曾經的石滬王國。

如今，臺灣本島的石滬因沒落許久、議題冷門、文化斷裂等，還未有過全面性的石滬盤點，僅有個別縣市區域性的田調，也因海岸線狹長、早期沿岸開發破壞，為數不少的石滬消逝在時代的進程當中。時至今日，臺灣本島曾有過或現存的石滬數量還是個謎，僅能從文獻報導中窺見一斑，近年

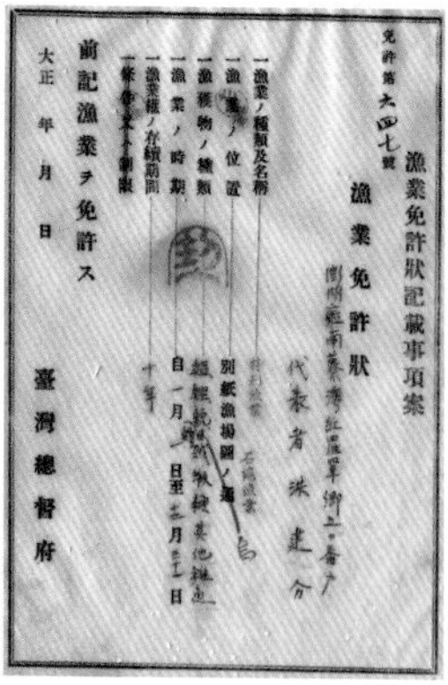

漁業免許狀記載事項案

免許第六四七號

漁業免許狀

代表者 洪建分

一漁業ノ種類及名稱

一漁場ノ位置

一漁獲物ノ種類

一漁業ノ時期

一漁業權ノ存續期間

一條件又ハ制限

前記漁業ヲ免許ス

大正 年 月 日

臺灣總督府

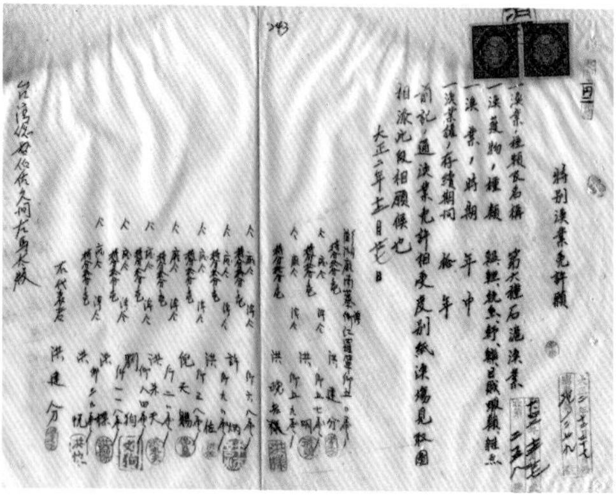

特別漁業免許願

1 | 2

1 一九一七年，澎湖紅羅村大滬的漁業免許狀記載事項案，代表者為洪建分一人。（圖片提供©國史館臺灣文獻館）

2 一九一七年，澎湖紅羅村大滬的特別漁業免許願，大滬共有十股，因此需要十位滬主共同蓋章。（圖片提供©國史館臺灣文獻館）

來，只剩新北石門、三芝、淡水、桃園新屋、新竹新豐、苗栗後龍等地的石滬依然健在，各縣市也開始積極推動石滬保存，紛紛將石滬群提報為文化資產，或許有一天，石滬會再次成為臺灣引以為傲的海洋文化象徵。

1 苗栗後龍的合番石滬。(攝影©趙書儀)
2 合番石滬的修復作業。(攝影©趙書儀)

澎湖石滬的起源跟中國關係匪淺？

談到石滬，當然不能不提澎湖，就算沒來過澎湖，也一定聽過雙心石滬，澎湖是貨真價實的石滬大本營，這裡有臺灣最多的石滬群、婀娜多姿的造形，還有留存完整的石滬文化，更重要的是，直到今天都還有澎湖人在用石滬捕魚，為何澎湖的石滬如此得天獨厚？為什麼這座區區小島會坐擁全臺一大半以上的石滬？臺灣本島跟澎湖的石滬之間有淵源嗎？彼此的石滬文化又有何不同呢？

從海底火山溢流而成的澎湖列島，地勢平緩、土壤貧瘠，加上東北季風強勁，不利農耕，只適合種植一些耐旱作物，所以島民常與海相伴，提取海洋資源成為生活必需，往海上發展各種的捕魚法也是環境所趨。

澎湖沿岸四處都是潮間帶，退潮後的面積十分寬廣，足夠讓整個澎湖硬生生長大三分之一，上頭還棲息著豐富的魚蝦蟹螺貝類，這為島民提供了探索海洋的良好誘因，隨著每次的退潮，徒步深入潮間帶進行漁獵，並在行經之處興建石滬，所以澎湖靠海的村落幾乎都有石滬。

地方文史志中關於澎湖的滬，最早在清朝康熙三十五年（一六九六年）《臺灣府志》，以納雜稅的單位出現：「澎湖大小網、泊、滬四十張口，共徵銀六十八兩六錢（大滬二口，每口征銀八錢四分，共徵銀一兩六錢八分；小滬二十口，每口征銀四錢二分，共徵銀八兩四錢）。」內文只提及單一個滬字，雖然澎湖不產竹子，但仍無法肯定其為「竹」滬、「石」滬或其它類型的滬，此處僅明載澎湖有二十二口「滬」登記在冊，且有大小滬之分。

澎湖「石」滬真正的首次登場是在乾隆三年（一七三八年）《臺灣志略》：「澎湖有大網……又有滬，用石塊圍築海坪之中，水滿，魚藏其內；水汐，則捕之。」證明了澎湖石滬距今有近三百年的歷史。

與臺灣本島不同，南島語族在行經澎湖時，只有交易往來或短暫停留，但並未形成聚落定居，所以澎湖沒有平埔族群，澎湖石滬有著自己的一條發展路徑，雖然有專家學者提出各式各樣的假說，但至今仍未有定論，主流論述一直圍繞在「環境起源說」與「文化傳播說」兩派。

什麼是「環境起源說」？如果親自跑去問老一輩的澎湖人，「石滬是怎麼來

澎湖小池角的低平火山口，形似石滬。

的？」大部分都會覺得石滬的出現理所當然，在地耆老普遍流傳一種說法，因為澎湖沿岸四周有許多海蝕平台、低平火山口，退潮後的海水積在坑洞形成潮池，剛好有魚困在裡頭，先民目睹這一幕而受到啟發，於是就想到了石滬。

臺灣最早從事澎湖石滬研究的陳憲明教授曾提出，石滬文化是人與海洋環境互動下自然而然的產物，無須他人傳授，只要具備合適的地理條件，在地居民憑藉生活經驗的累積就可能從無到有造出石滬。

《澎湖的石滬》一書作者洪國雄老師也在書中寫下吉貝島民釁藤圍魚的傳說，一樣的原理，先民觀察到魚群洄游的路徑，並使用岸邊生長的馬鞍藤，編織成一個圍魚陷阱放在岸邊，坐等魚群誤入，但因植物纖維不耐用非長久之計，後來才改成石頭造滬。

另一方面，「文化傳播說」也有它的道理，單以現有文獻來說，中國沿海發展石滬或類似漁法的時間，遠比臺灣以及澎湖來得早，林文鎮、吳培基、賴阿蕊等研究者曾推論澎湖的石滬可能承襲自中國福建，一種古時候名為「網」的沿岸漁業，到澎湖反而因地制宜轉化成石滬。

中國石滬多集中泉州、漳州一帶，這兩處在明朝末年有大量移民遷居澎湖，過程中極有可能順勢將石滬海耕的方式引進，所以也有中國的文史工作者將石滬視為連結兩岸的根脈。

澎湖石滬的起源眾說紛紜，但無庸置疑的是，澎湖石滬多變的姿態與一應俱全的功能構造，甚至是為漁業帶來的龐大產值，都是揉雜百年來澎湖先民的智慧所洗鍊而成，如今，澎湖石滬已然獨闢蹊徑，活出屬於自己的風采。

一顆心還是兩顆心——澎湖石滬百態

你知道石滬的愛心形狀其實跟浪漫或藝術無關嗎？除了雙心石滬的兩顆愛心，你有看過其它造形的石滬嗎？澎湖的每一口石滬其實都長得不太一樣，而且裡面還有許多功能不同的構造，遠比人們所認知的複雜，澎湖石滬的形態變化是一部成長史，記錄著先民如何觀察環境、征服自然，從無到有地形塑出石滬的線條。

前文中提到，康熙三十五年（一六九六年）開始就有澎湖滬的紀錄，之後也反覆出現在清代的地方志裡，但都只有描述捕魚原理或稅收金額，如乾隆元年（一七三六年）《臺海使槎錄》：「滬者，於海坪潮漲所及處，周圍築土岸，高一、二尺，留缺為門；兩旁豎木柱，挂小網柱上，截塞岸門。潮漲，淹沒滬岸，魚蛤隨漲入滬；潮退，水由滬門出，魚蛤為網所阻。寬者為大滬，狹者為小滬。」還有前文提到的乾隆三年《臺灣志略》，之後的地方志大多沿用這兩者說法，然而，依前者所敘「築土岸」、「豎木柱」、「挂小網」等語，和現今的澎湖石滬差異過大，應不是指涉「石」滬，後者則是對於外形的描述一片空白，對沒有看過石滬的人來說，根本無從想像。

直到日治時期，官方為了登記石滬漁業的相關資料，會手繪「漁場見取圖」（示意圖），用以標記石滬的漁場方位跟村落相對位置，上面會大致描繪每一口石滬的外形，另外在大正十二年（一九二三年）三月十二日的《臺灣日日新報》，有一則介紹臺灣石滬漁業的報導，內文除了提及澎湖、新竹、桃園、臺北沿岸有石滬，還貼心地附上三種石滬的型態圖，「弧形石滬」、有「滬彎」的弧形石滬、心形的「單滬房石滬」。

臺灣本島的石滬由弧形獨占海洋，澎湖群島的石滬卻一路從弧形進化成一個心、兩個心，甚至最多有三個心，這是澎湖先民持續與海洋交心的證明。

一開始，澎湖先民觀察到漲潮時有魚群會在岸邊洄游，並且有沿著石堤前進的習性，以此為基礎，在沿岸利用石塊疊砌石

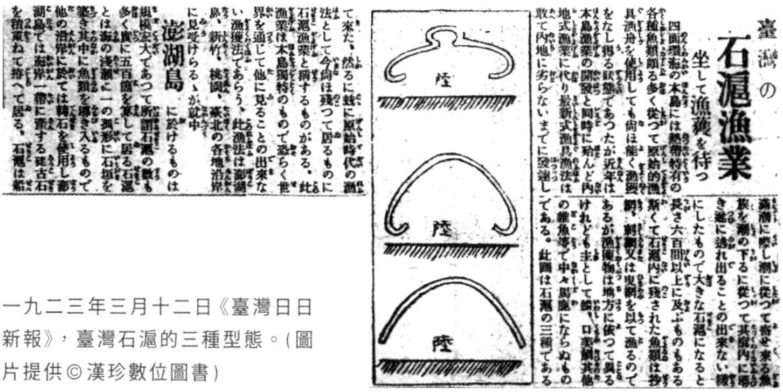
臺灣の
石滬漁業
坐して漁獲を待つ

四面環海の本島には熱帶特有の各種魚類頗る多く從つて原始的漁具漁舟を使用しても尚ほ能く漁獲をなし得る狀態であつたが近年は本島漁業の開發と同時に殆んど內地式漁業に代り最新式漁具漁法は敢て內地に劣らないまでに發達して來た。然るに茲に原始時代の漁法として今尚ほ殘つて居るものに石滬漁業と稱するものがある。此漁業は本島獨特のもので恐らく世界を通じて他に見ることの出來ない漁獲法であらう。此漁法は澎湖島、新竹、桃園、臺北の各地沿岸に見受けらるゝが就中

澎湖島

に於けるものは規模宏大であつて所謂石滬の數も多く實に五百個を算して居る石滬とは海の淺瀨に一の弧形に石垣を築き其中に魚類を導き入るもので他の沿岸に於ては轉石を使用し澎湖島では海岸一帶に產する硓古石を積重ねて拵へて居る、石滬は滿潮に際し潮に從つて寄せ來る魚族を潮の下るに從つて其廓內に導き逃れ出ることの出來ない樣にしたもので大きな石滬になると長さ六百間以上に及ぶものもある斯くて石滬內に殘された魚類は抄網、刺網又は叉網を以て漁るのであるが漁獲物は地方に依つて異るけれども主として鯛、口窶鯛其他の雜魚等で中々馬鹿にならぬものである。此圖は石滬の三種である

一九二三年三月十二日《臺灣日日新報》，臺灣石滬的三種型態。（圖片提供© 漢珍數位圖書）

大池村石滬群。

堤，建造出會令魚群碰壁的簡單圍牆，這就是澎湖石滬的原型。

慢慢地，澎湖人發現這樣封閉式的陷阱只能抓到那些，在漲潮時游到岸邊卻來不及游走的魚群，能圍到魚的機會還是很有限，所以澎湖人開始把其它環境因素也給考慮進來，像是退潮時的水流方向、地勢高低、離岸遠近等，最後所總結出來的心得是，石滬不僅要被動地圍住魚，更要有系統地引導魚群自動自發被圍住，最好是像一個只進不出的大迷宮，於是乎，各式各樣的石滬構造橫空出世，也造就了澎湖每一口石滬外形樣貌各異其趣的奇觀，以下介紹三種澎湖石滬主要的形式與構造：

1 外垵村滬仔。
2 南寮村東旁滬。
3 後寮村順風礁北滬與南滬。
4 鳥嶼村後碼滬。

①——弧形石滬（基礎型）

澎湖石滬的原型，是沿著島礁周圍畫一條弧線的石堤，開口向陸地，漲潮時魚群靠岸，退潮時魚群欲返回大海，便會受到石堤攔阻，並透過石堤兩端的滬彎構造引導，被留在淺水區內徘徊。

在澎湖，弧形滬的稱呼相當多元，也反映出其特性，如「籠仔圈」、「畚箕滬」、「淺滬」、「淺坪滬仔」、「高頂滬仔」等。

弧形滬一般蓋在坡度不大但退潮仍會有海水積聚的潮間帶上，是純粹仰賴潮汐漲退的基礎型石滬，其它國家的石滬也大多是此類，因為比較不需要考量水流或漁場問題，所以在適合興建弧形滬的場域上，通常會有數口弧形滬並肩相連，形同魚鱗密密麻麻地擠在一塊，如西嶼鄉大池、小池角、外垵等地。

吉貝村印仔腳滬。

②——單滬房石滬（功能進階型）

又稱「深滬」、「心形石滬」等。單滬房石滬是指具有一個「滬房」的石滬，依照當地退潮水流的方向，在水深處闢建一個心形的滬房，除了原先圍困魚群的功能，更多了誘導與集魚的效果，配合著地勢起伏、水流方向、其它構造，就可以自然將魚群引入滬房，退潮時所形成水流壓力也會讓魚群困在滬房裡不敢逆流而出。

單滬房是進階版的石滬，相傳是由吉貝村人首創，因集魚效果好，且便於巡滬，引發澎湖各地爭相效仿，不少弧形滬紛紛改建為單滬房石滬，在日治後期蔚為風潮，如吉貝村印仔腳滬、白沙仔滬等。

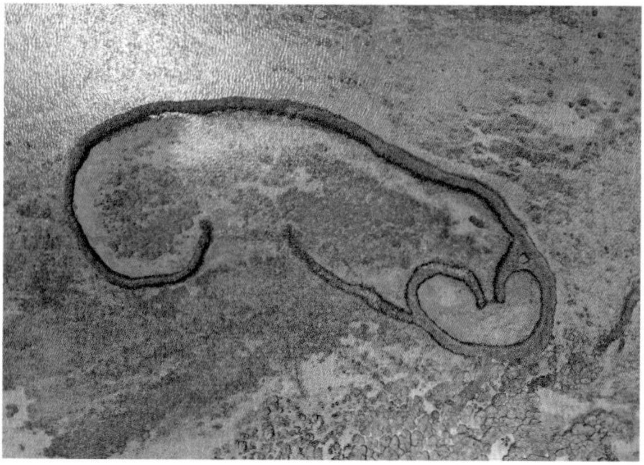

1 吉貝村白沙仔滬。

2 沙港村倚內滬。

3 赤崁村險礁西滬。

後寮村碎礁滬。

③——多滬房石滬（功能進階型）

多滬房石滬的構成原理與單滬房石滬大同小異，雖然數量稀少，但形態多變，主要是退潮水流受當地環境影響，產生出兩條以上的水流分支，為了同時捕捉分散的魚群，所以才在同一口石滬的不同位置闢建兩個以上的滬房，如吉貝村東礁仔尾滬、瓦硐村雙港仔滬等。另外還有因水太淺，魚容易游出，而將滬房相互疊合加強困魚功能，如東湖村頂隙滬、瓦硐村半肺滬。更有後來因觀光考量而將弧形滬改建成三心石滬的先例，如吉貝村烏仔窟滬。

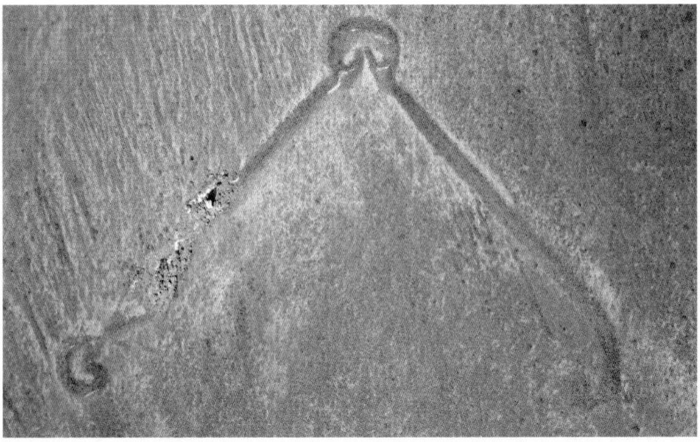

1
2
3

1 湖西村鼎蓋洲滬。
2 吉貝村烏仔窟滬。
3 東衛里東衛滬。

石滬小字典

石滬構造與功能介紹

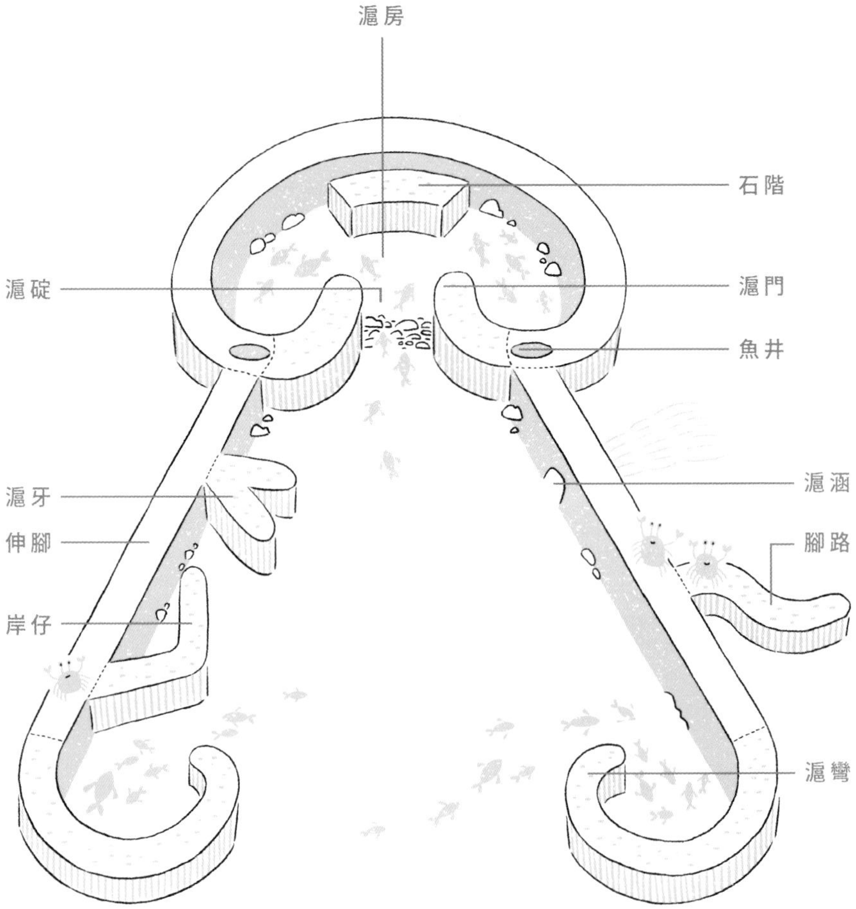

▶ 為清楚介紹澎湖石滬各部位構造與其關聯性，特別繪製此石滬模擬圖，不代表所有石滬皆為此結構，真實的石滬構造設計，會依所處環境與需求打造出其專屬的樣式。

▶ 澎湖各地對石滬構造的稱呼與腔調有所不同，此處為便於大眾閱讀與理解，統一使用中文名詞表示。

滬房

又稱滬目、滬仔目等。是石滬的核心構造，可以說是心臟，而海洋就是血液，透過潮汐規律的脈動，魚群會被輸送回流到心臟。滬房是從弧形滬加入「滬門」延伸成愛心的形狀，主要是為了縮小捕魚範圍，同時搭配「伸腳」、「滬彎」的多重引導，增加魚群入滬的可能性。滬房對一口石滬的漁獲量影響甚鉅，因此是建造與修復的第一順位。

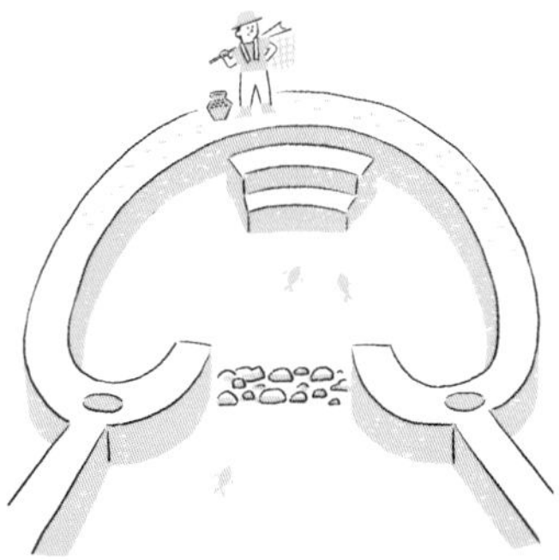

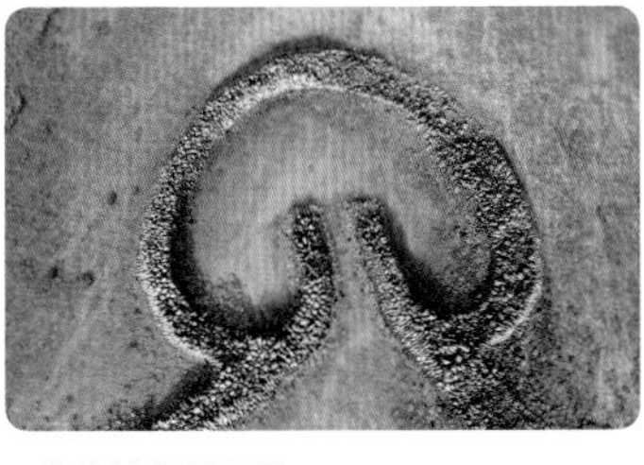

菓葉村內滬仔目。

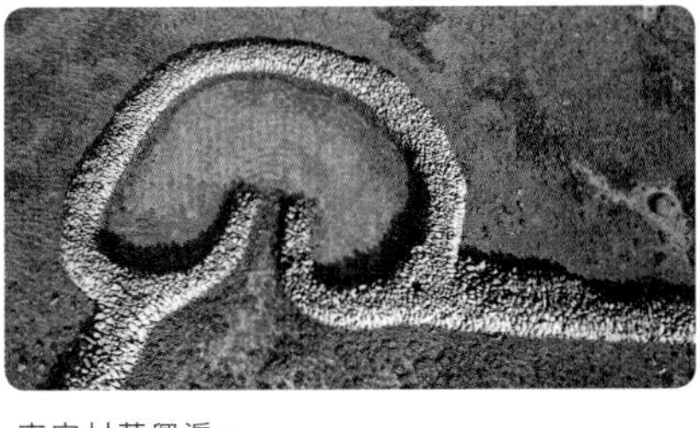

東安村萬興滬。

滬門

又稱滬仔目喙口。是石滬的水門，位於滬房的開口處，是由滬房兩端往內勾所延伸出的兩道石堤。在退潮時，會配合水流營造出水壓，將洄游魚群導入滬房之中，並讓進入滬房的魚群無法輕易抵抗游出，因此，滬門的開口必定要朝著當地退潮水流的方向，一般都是向著陸地。

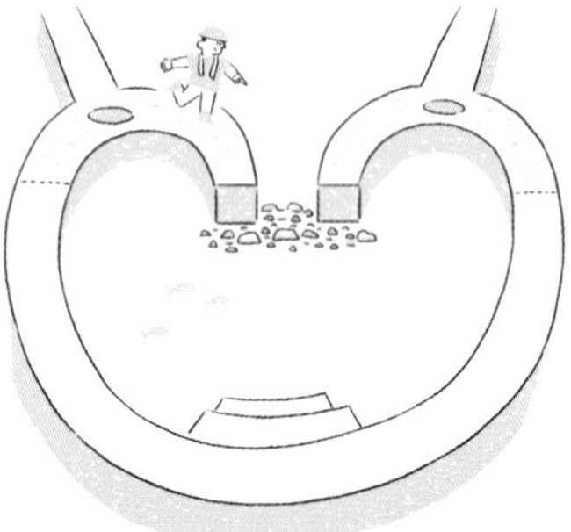

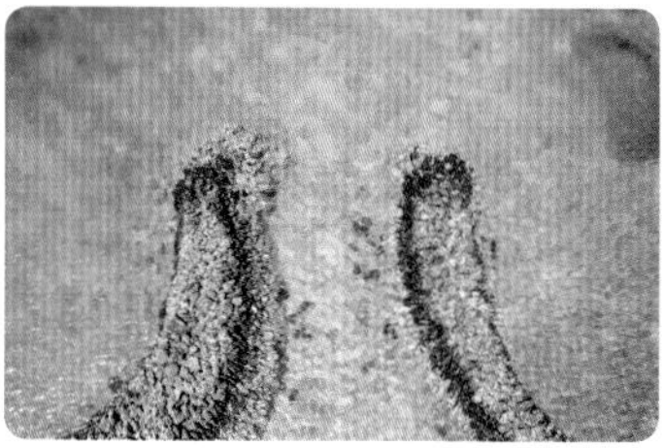

烏嶼村新礁滬。

後寮村長岸尾滬。

滬碇

又稱石碇、門碇、滬門石等。滬碇在滬門正下方的位置，以多個小石塊堆疊而成或放置一塊長形的大石塊，是高度不及滬房的矮門檻。除了作為矮梯供滬主方便移動之外，主要功能是營造更強力的水壓，防止已進入滬房的魚群從開口處底下游出，可改善石滬漁獲量會受到潮汐影響的缺點，也有助於滬主更快速地架設漁網封住滬門。

吉貝村溝尾仔滬。

後寮村長岸尾滬。

通梁村高尾仔滬。

後寮村長岸尾滬。

石階

又稱腳踏石、階梯、層仔等。離岸遠的石滬通常吃水較深，滬房的高度甚至高於兩公尺以上，為了方便滬主可以在滬房之間上下移動，會將石塊砌成階梯狀。澎湖常見的石階有兩種，一種是直接在滬門或滬房砌出一階一階的樓梯（圖下），另一種是沿著滬房內側凸出的一條矮石堤，僅有一層的高度（圖上）。

魚井

又稱滬井、深井等。通常位在滬房、滬門、伸腳三者之間的相交處，是一個圓形坑洞，形似水井，可以用來暫時存放過多的漁獲，或當作擺放漁網與工具的貯藏空間，一口有滬房的石滬最多會有左右兩邊各一口魚井，魚井的深淺則依照需求而設計。

赤馬村牛心灣內滬。

通梁村徛風滬。

伸腳

又稱滬腳、滬手、滬岸、滬堤、滬牆等。伸腳是自滬房左右邊所延伸出來的石堤，長度越長，石滬所涵蓋的集魚範圍越廣，其功能除了圍困魚群，也利用了洄游性魚類會貼著石堤邊往前游的習性，誘導魚群順著水流游進滬房。

沙港村倚內滬。

後寮村大崎滬目。

滬牙

專門用來捕撈小型魚類的短石堤。設置在石滬內，並與滬堤之間會留下一道稱為「巷仔路」的缺口，以供魚群通過。滬牙有兩種，一種是單獨一支呈「I」字形可供一位滬主站立使用網具圍捕漁獲，另一種則是兩支一對呈「V」字形可供滬主與親友雙人站立並分頭協力圍捕漁獲。滬牙通常會多組並存在同一口石滬中，每一位滬主會透過每年抽滬鬮時分配到一組滬牙。

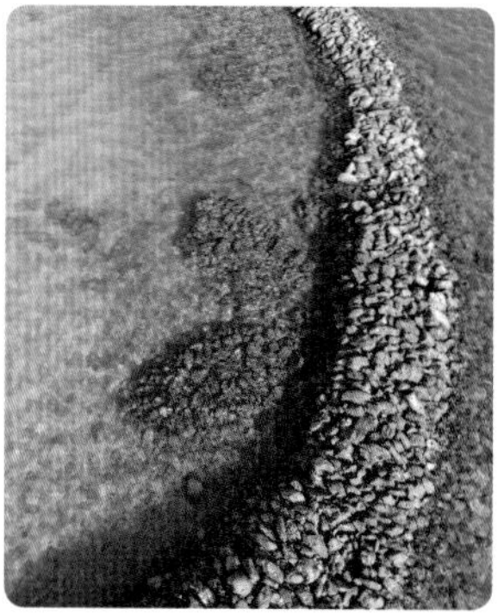

吉貝村大牛洋滬。

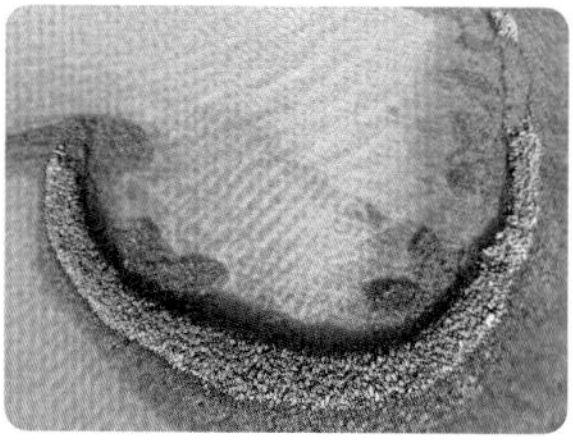

吉貝村大牛洋滬。

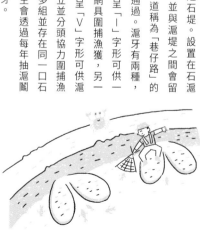

岸仔

又稱小滬房、狹區等。

岸仔是石滬裡的小石滬，是為了縮小捕魚範圍而增設在石滬裡的短石堤，可視為滬房的前身。岸仔的長度通常較短、範圍較小，形狀呈弧形或「く」字形，在規模大的弧形滬中比較常見，建造的位置與數量不一定，在同一口石滬中可能會有一個以上的岸仔，而在有滬房的石滬裡，通常會直接與滬房相連成「一房兩窟」，如吉貝村舊瀨仔南滬、倒塞仔滬。

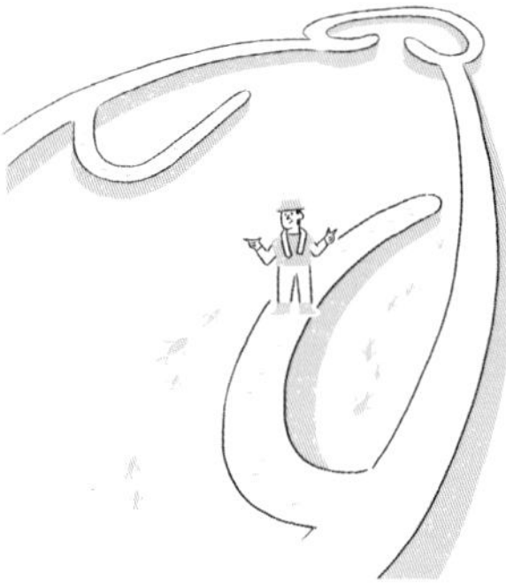

吉貝村西角滬仔。

吉貝村倒塞仔滬。

滬涵

又稱溝涵仔。是為了抓緊退潮時間而設置在伸腳中的排水構造，有加速洩水、降低水位、縮小範圍的功能，澎湖具有滬涵的石滬並不多，一般只出現在離岸近又退潮不易的弧形滬，主要是讓女人小孩都可以輕鬆入滬捕魚，較為特別的是其工法，在石滬建造初期就會預留孔位，並在排水孔上方用一塊長形石條壓住，形式類似建築結構中稱為「過梁」（澎湖稱「過路」）的門楣。

吉貝村落滬。

吉貝村落滬。

滬彎

又稱滬尾、滬勾、爪仔尾、滬幹仔、滬螺尾、螺勾彎等。滬彎是伸腳尾端向石滬內側彎曲的石堤，澎湖石滬不分類型幾乎都有滬彎，其功能是為了不讓魚群順著伸腳游出石滬外，因此透過向內彎的石堤將魚群的洄游方向重新導回石滬內。

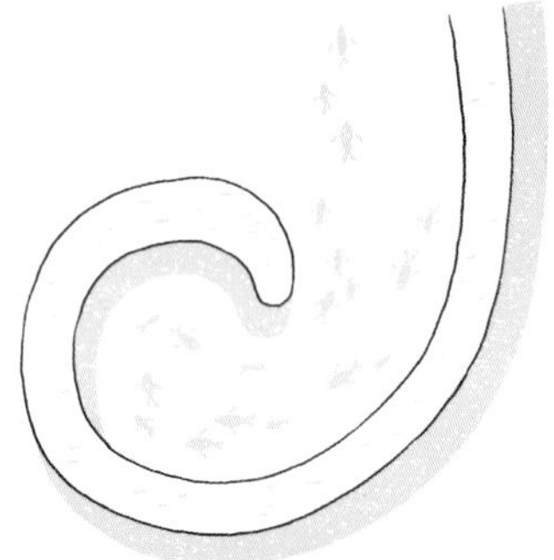

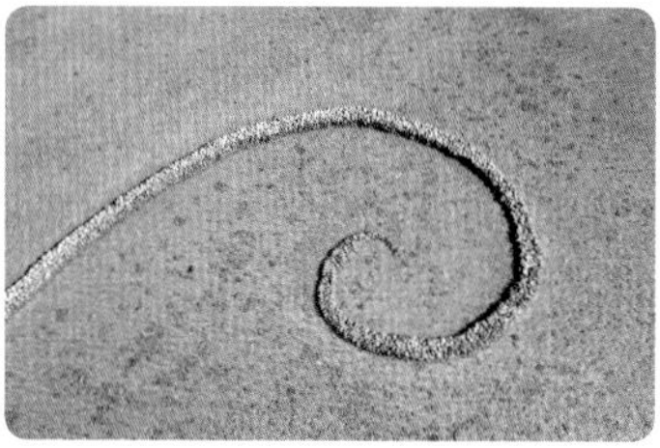

紅羅村東滬。

東安村萬興滬。

腳路

連接石滬與陸地之間的便道。離岸較遠的石滬，吃水深又路途顛簸，為避開凹凸不平的礁岩，會在內側增建一條平坦的矮石堤，除了方便滬主行走，也可以透過滬堤與腳路之間的高低差來遮擋側風，另外也有伸腳阻攔魚群的功能。

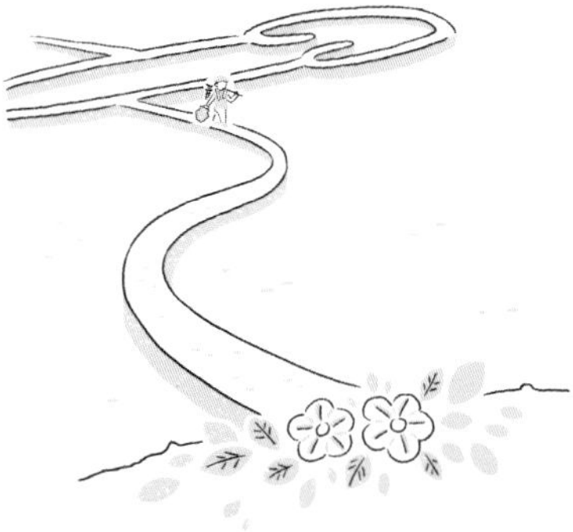

吉貝村烏塗仔滬。

通梁村海興滬。

石滬股份有限公司

創業情境題：「如果有個保證賺錢的生意擺在眼前，卻因為個人能力有限或缺乏資金而無法開業時，你會怎麼做？」同樣的情況發生在建造石滬上，澎湖先民會選擇邀請親友投資或公開對外募股，這樣的創業模式使得每一口石滬都宛如一間設址在大海、擁有眾多股東的「股份有限公司」。

石滬掀起的創業風潮，多人合夥才是王道

直接來看實際的財務報表，在昭和三年（一九二八年）的湖西，一口石滬的創業費用總計一千三百五十圓，即建造石滬所需花費的成本，包含石

料、人力還有全新的網具，而一整年的漁獲量收入是兩百〇一圓，另外再扣除石滬與網具定期維護的支出七十四圓，最後結算下來，一年的淨利只剩一百二十七圓，還需要一段時間才能回本。由此可見，投資石滬的所費不貲，要等日後再慢慢取回收益，是個細水長流的長期事業，因此成立之初多半是親友們彼此合夥，分攤成本也分散風險。

至少在一九五〇年之前，在澎湖蓋石滬還是門好生意，是許多討海人趨之若鶩的投資標的，但蓋石滬需要花時間跟人力，就像投資需要本金，這個龐大的成本不是一個人或一個家庭可以負擔得起，所以想蓋石滬的人會召集有志一同的合夥人加入，合夥人大致分三種，宗族、地緣還有宮廟。

起業費	
一、金一千三百五十圓也	石滬築造費並ニ網代
內	譯
六百圓	石代
六百圓	人夫賃
百五十圓	網五統新調費
收入	
一、金二百一圓也	一ヶ年ノ漁獲高
內	譯
百二十四圓	丁香千三百斤
三十圓	かます二百斤
十二圓	慈田鰹百斤
二十圓	鮪百斤
十五圓	あら百斤
支出	
一、金七十四圓也	
內	譯
二十四圓	石滬修繕費
二十圓	染料費
三十圓	網修繕費
一、金百二十七圓也	差引殘額

一九二八年，湖西村石滬創業的成本與收支表。（圖片提供©國立臺灣圖書館）

開石滬公司是一種投資，有獲利也有風險，那要找誰一起蓋石滬？當然要找最信得過的合夥人，同宗族的人畢竟血濃於水，所以一直是合夥人的第一順位，肥水不落外人田，澎湖石滬絕大多數都是家族企業，由同宗的各家族一起經營。

其次是地緣，邀請同村里有力的地方人士，或是關係友好的左鄰右舍，食好鬥相報，也可以一起分擔前期蓋石滬的成本。

最後一種股東類型比較少，但最特別，屬於在地宮廟，不用投資成本，只需要坐等抽成就好，宮廟的石滬是全村資產，由全村人共同興建、使用跟維護。澎湖先民信仰虔誠，若宮廟有修建需求或香油錢不足時，在地居民可能會發起蓋石滬，並將之後的漁獲收入固定回捐宮廟，五德里角帶滬就有一句諺語流傳，「先起滬，後起廟」，因為石滬是以廟方名義興建，所以漁業權執照上面的申請人會登記為當時的廟方主委。

既然石滬有股東，那就會有股份跟分潤的機制，石滬的股份就是漁業權，有出資的股東就是想經營石滬漁業的人，又稱之為「滬主」，只有一位滬主的是獨資企業，有多位滬主的就要依照當初所付出的成本比例來瓜分股份，可一人多份或多人一份，舉例來說，如果一口石滬有三位滬主出資，其中一位出錢出力明顯較多，可以拿兩份，另外兩位比較少，則各拿一份，所以這口石滬就會有三個滬主、四份股份。

石滬股份是很人性化的設計，它如同房屋土地，持有的股份可以被轉讓，除了宮廟持份是全村共有之外，宗族跟地緣持份的石滬會被滬主視為自身的不動產，最常見的股份轉

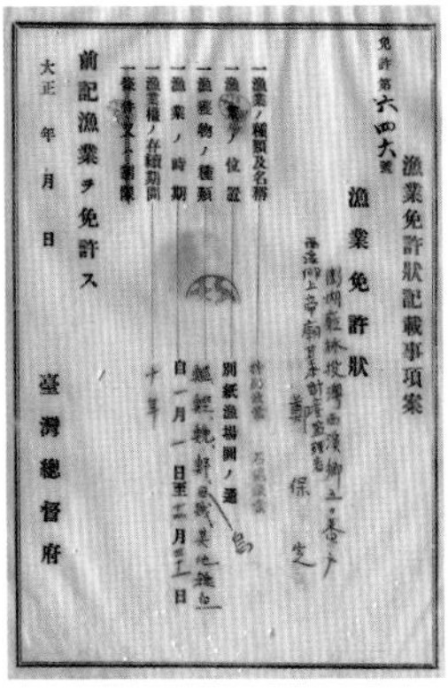

漁業免許狀記載事項案

免許第六四大號

漁業免許狀

一漁業ノ種類及名稱

一漁業ノ位置

一漁獲物ノ種類

一漁業ノ時期

一漁業權ノ存續期間

一條件又ハ制限

前記漁業ヲ免許ス

大正　年　月　日

臺灣總督府

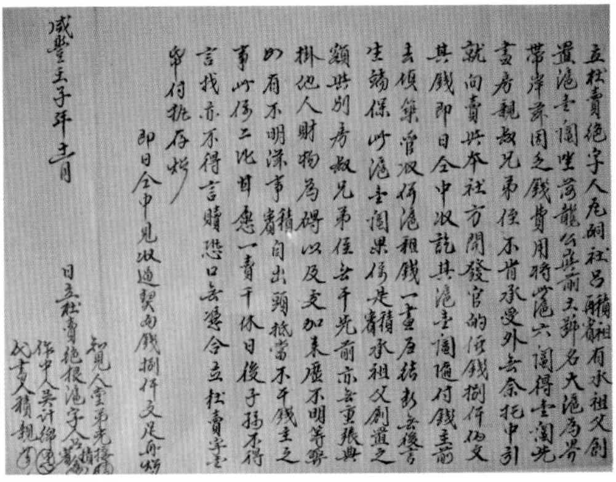

1｜2

1　一九一七年，西溪村粗礁滬的漁業免許狀記載事項案，粗礁滬屬全村共有的宮廟股石滬，因此申請人旁特別以紅字註明該人為「西溪鄉上帝廟基本財產監理者」，亦即西溪村北極殿的時任主委。（圖片提供©國史館臺灣文獻館）

2　一八五二年，瓦硐村大滬的民間交易契約。（圖片提供©吳文編）

讓就是遺產繼承，一般是子承父業的世襲制，女兒的話可以作結婚時的嫁妝，另外也可以向外人交易，諸如買賣、租賃、抵押等都是常見的股份變更行為。

特有的巡滬制度

石滬的分潤方式就可能跟大家想像的不太一樣了，按常理，會以為是將所有的漁獲收入依股份比例均分給滬主，但實際上，漁獲的收成是以「巡滬」的順序一天一天輪流，當天輪到誰就由該滬主獨享捕魚的權利，以剛剛那口石滬為例，四份股份代表四天一輪，大滬主可以巡兩天，小滬主各巡一天，一整年下來以四天一輪的順序輪流，好的壞的潮汐都可能會碰上，再加上天氣、海況、漁汛等不確定因素，每一位滬主的漁獲狀況都是完全隨機的，全憑運氣跟人品。

滬主享有分潤權利的同時，也有應當付出的義務，像是每位滬主都需要定期的維護石滬，如果碰上突發的嚴重破損時，也要依照股份來分配修復工作的比重。一口石滬有這麼多的權利義務需要遵守，總不會只是口頭上的約

離岸將近三公里遠的沙港村長岸東滬，現在巡滬都是依靠動力小船。

定俗成，正所謂親兄弟明算帳，每一口石滬當然會有一本自己的公司章程，也稱為「滬簿」，滬簿上會白紙黑字載明每一位滬主的股份、抽籤的順序、負責修復的部位等重要資訊以供備考。

在澎湖，石滬從原始的漁獵陷阱一路發展成遍地開花的繁盛產業，不只滿足基礎的食物需求，更開創龐大的漁業經濟，甚至衍生出私有財的特性，讓石滬成為了可以在世代之間傳承的不動產，與澎湖人的關係就此密不可分。

石滬的股份過去曾是協助政府管理的最佳依據，股份轉讓這件事也讓石滬再利用的彈性更大，但同時卻是石滬必然衰敗的原因之一。澎湖石滬發展至今已近三百年，期間歷經多少代子孫的傳承與數不清的財產移轉，滬主從幾十個到幾百個，人數多到混亂不明，且越分越細的股份，一整年下來根本巡不了幾次滬，單一滬主的受益過低，導致後代無人有意繼續經營，現在的石滬就像一棟產權複雜令人頭痛的祖厝，放著任其風吹浪打直至傾圮，對比前人一擁而上的蓋滬熱潮，如今的處境不禁令人唏噓。

澎漁諺

有船仔頭佮塌仔的份，就娶某

澎湖石滬早期被視為穩定收入的象徵，擁有石滬的男子好比事業有成的金龜婿，雖然稱不上家財萬貫，但至少固定有魚吃還餓不死，因此容易談上一門好親事。吉貝村就有一句「有船仔頭佮塌仔的份，就娶某」，意思是說船仔頭滬跟塌仔滬是吉貝島上兩口漁源豐碩的石滬，只要男方擁有其中一口石滬的股份，就不怕討不到老婆。

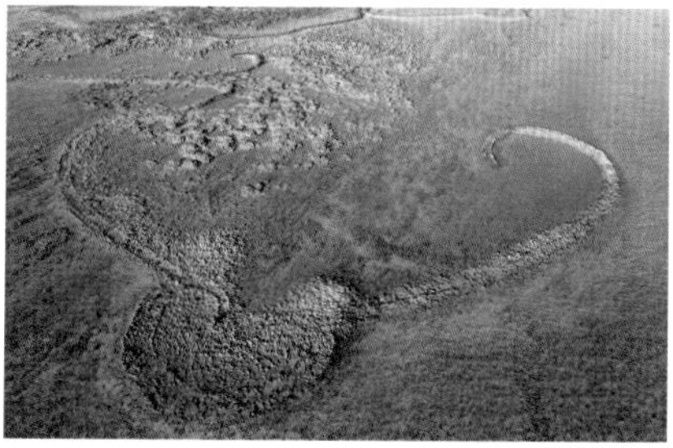

曾經在吉貝被視為珍貴資產的船仔頭滬，如今已倒塌毀壞。

石滬小字典

經營石滬股份有限公司不可不知

▶ 澎湖各地對石滬相關詞彙的稱呼與腔調有所不同，此處為便於大眾閱讀與理解，統一使用中文名詞表示。

滬主

又稱滬份、滬鬮的、滬權人等，即石滬的主人，分為一般股東與代表者。持有石滬股份的人就是滬主，滬主們透過「抽鬮」決定每年巡滬的順序，然後像值日生般輪流巡滬，輪到的滬主擁有當天所有漁獲的權利，即使遭他人捷足先登，只要當下潮水未漲，偷巡滬者就必須歸還漁獲，反之，若當天滬主因故未巡滬，漲潮後等同自動放棄權利，屆時任何人都可巡滬。滬主在石滬建造之初，需要參與選址、取得石材跟工具等前置作業，也要負責施工與日後的維修事宜等，詳細分工與責任比例則依各滬主的能力分配承擔。

赤馬村牛心灣內滬的滬主楊文燦。

赤崁村倒掛仔滬的滬主楊和成。

代表者

又稱叫滬鬮的，是滬主中的領導人與召集人。石滬牽涉到每一位股東的權益，而一口石滬的滬主可能動輒數十人，其中所衍生的事務也相對繁雜，因此需有一人專責統籌，其性質類似於社區協會中的理事長，有對內統整、對外代表的功能。代表者通常是持有股份最多者或滬主中資深望重的老者擔任，代表者主要負責每年召集滬主重抽滬鬮、籌備拜滬、出工安排、監督修滬與代表滬主們向政府申請漁業權執照等事務。

紅羅村滬仔頭的代表者洪振坤正在籌備拜滬。

滬簿

石滬之契約書，兼具公約與備忘錄的功能。在確立石滬的股東之後，滬主們會共同討論修建石滬的細節與個別滬主的權利義務，並將決議內容詳載，其中包括滬主姓名、持有股份、負責修建的部位，還有未來定期修復的時間等，另外也會特別備註滬主未盡責時應受的罰則。

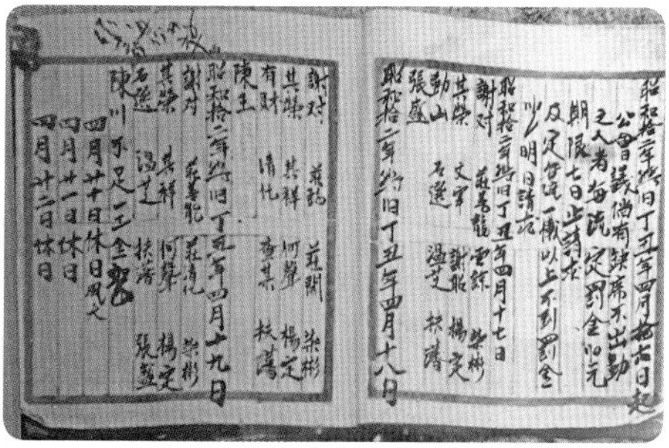

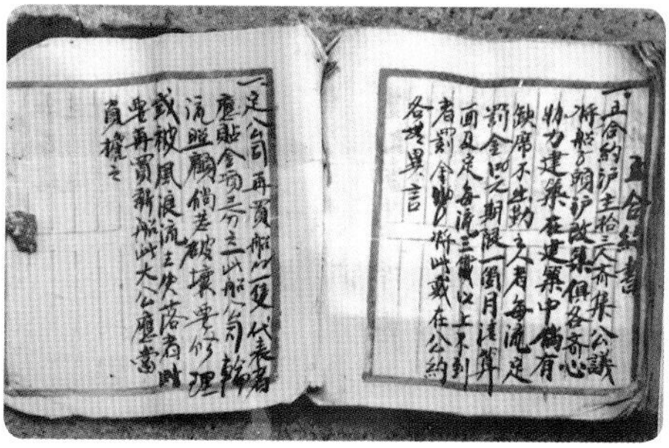

吉貝村船仔頭滬的滬簿。

滬鬮

決定滬主巡滬順序之抽籤。巡滬的漁獲量受潮汐影響甚大，所以為確保每一位滬主捕魚權利的公平性，個別石滬每年都會定期召集滬主重新抽籤排定新一年的巡滬順序。澎湖各地區石滬抽滬鬮的時間並不一定，常見的有農曆年初或年底之外，也有選在農曆三月初三玄天上帝誕辰或農曆十月初十水仙尊王誕辰，而吉貝島一般為農曆七月底，過嶼是農曆六月十五日，目斗嶼則是農曆年底。

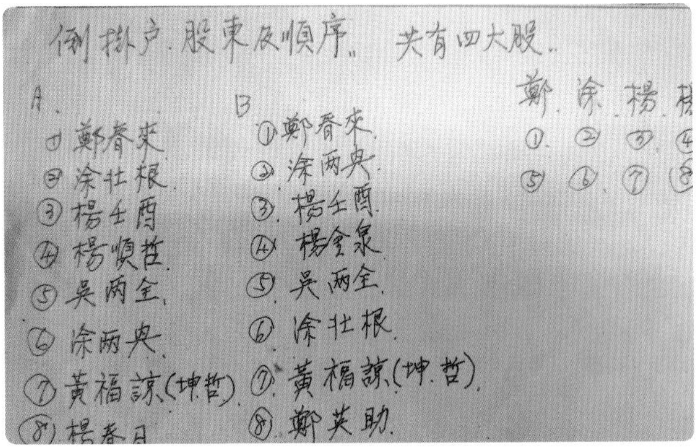
倒掛户 股東及順序 共有四大股

A.
①鄭春來
②涂壯根
③楊壬酉
④楊順哲
⑤吳兩全
⑥涂兩央
⑦黃福諒(坤哲)
⑧楊春日

B
①鄭春來
②涂兩央
③楊壬酉
④楊金泉
⑤吳兩全
⑥涂壯根
⑦黃福諒(坤哲)
⑧鄭英助

鄭 涂 楊
① ② ③ ④
⑤ ⑥ ⑦ ⑧

赤崁村倒掛仔滬的滬主與巡滬順序。（圖片提供©楊和成）

巡滬

退潮時沿著石滬去巡視或捕魚。巡滬是輪到當天的滬主才有的權利，在當天的二十四小時內，捕魚權與漁獲都屬同一位滬主所有，為求公平公正，每一年巡滬順序都是由滬主們共同抽滬鬮決定。澎湖地區的潮汐類型為半日潮，每天固定會有兩次的漲退潮，所以滬主通常一天可以巡滬兩次，除了初十、廿五例外，因此有「初十無暝，十一人的；廿五無暝，廿六人的」的俗諺，意指農曆初十和二十五日的夜間過十二點才退到底，已經算隔天，所以巡滬是輪到十一日和二十六日的滬主。

吉貝村龍尾滬。

赤崁村倒掛仔滬。

牽滬仔

又稱卡滬仔、牽魚等，是巡滬所使用的漁法。通常滬房水位較深，且入滬多半是成群的大型魚類，如鮸魚、紅甘、煙仔魚等，滬主最簡單方便的作法就是一網打盡，先封住滬門，再由至少兩人在滬房內以拖網圍捕漁獲。

赤馬村牛心灣內滬。

石滬占海為王？有皇帝聖旨背書！

每個時代都有占地為王的霸權者，但與陸地不同，大海一望無際，如何劃分領域界線？石滬既然蓋在汪洋之中，那是否代表先搶先贏？漁場範圍又是誰說了算？既然石滬漁業是一間在營利的公司，那是否需要受到政府的監督管理？就讓我們一窺各朝代政府對於石滬的管理制度有何不同。

無論是澎湖、臺灣還是中國，石滬在清代地方志的身影，大多是賦稅紀錄，顯見清朝早有海洋是公共資源的認知，所以人民在海洋經營石滬漁業必須要繳稅，類似臺灣今日的定置網和區劃養殖等漁業，要先取得漁業權才可以在海上經營，這是一個義務，同時也是一種保障。

石滬本身充滿地域性與私有財的色彩，導致石滬漁業的定位另類，很可能在明鄭時期甚至更早以前就是如此，亦或是行之有年而就地合法，就法理而言，漁民其實是擁有石滬的使用權，而不是所有權，只是對於使用石滬捕魚上百年的澎湖先民來說，石滬早已被視為身家財產的一部分了。

乾隆三十一年（一七六六年），澎湖發生了一起漁事糾紛，有外地人跑到吉貝侵門踏滬，不僅擅闖石滬偷捕魚，還就近蓋起草寮喧賓奪主，當地居民一氣之下就去向官府通報，澎湖第十八任通判[2]胡建偉接獲陳情之後，隨即展現鐵腕手段，勒令拆除草寮，並警告未來不得再有侵占之事，最後在陳情人的懇求下，將整件事的原委立碑昭告天下，於是當時的乾隆皇帝就在吉貝立下了漁權給示碑，衝突這才落幕，這塊兩百五十多歲的石碑至今仍保存於吉貝武聖殿中，屹立不搖地宣示石滬漁業權的正當性，碑文內容如下：

> 特授福建澎湖海防糧捕分府胡
>
> 爲懇恩給示事。照得。澎湖四面環海，居民大半以捕魚爲業，海屬公同，原無分界，但各澳有滬、有垵，豈容侵占。茲據吉貝澳民人呂悌等呈□□回祖等蓋藔侵滬等情，業經本□分府當堂訊明，飭令拆寮，不許再行侵占在案。茲據呂悌等復具呈，

2 —— 中國古代的官職，類似於今日的縣長。

懇請給示前來，合行出示曉諭，爲此示仰捕魚人等知悉，嗣後不得私在吉貝地方搭蓋草寮侵占垵滬以妨稅課，並不得藉稱捕網迫近居民滋擾，倘有違玩，許該處澳甲民人呈明究處。但海本公同，該處澳甲居民等，亦不得藉稱給有示禁等情，阻止外海捕魚致生事端，干咎無違。

乾隆三十一年四月廿三日給

碑文中，清代政府對海洋漁業的立場表露無遺，文言文翻譯過來的意思大致是，「雖然海洋乃屬公有，不該劃地為王，但澎湖各地均有石滬漁業，且有合法的繳稅申請，理應享有漁場權屬的保障。」文末也補充，吉貝居民同樣不能以這塊石碑為理由去妨礙在公海領域捕魚的漁民，只要任何一方踰矩都會有所懲處。

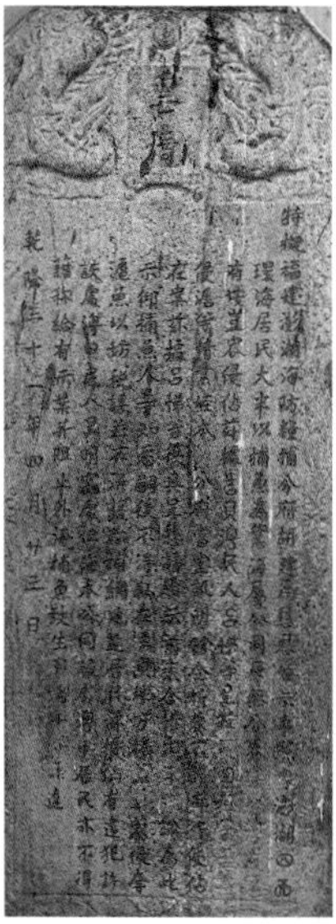

一七六六年，清朝乾隆皇帝在吉貝島上勒石立碑，保障當地石滬漁業。

雖然此事官方處理得當，但回顧整個清代的地方志，其實清代對於臺灣或澎湖石滬的管理還算是比較鬆散，可能鞭長莫及之故，大多文書紀錄僅止於納稅，或偶有一小段附述解釋何謂石滬，其它相關資訊則隻字未提，因此後世無從得知當時石滬的名稱、位置、使用者等資訊。

直到日治時期，日本政府透過嚴密的保甲與街庄制，並改用申請漁業權執照的方式來掌控臺灣各區的石滬，納稅換成繳交行政規費，每五或十年換證一次，若有複數的申請人也需一同蓋章，遞交申請後還得先登報公告，確認該石滬漁場有無侵犯到他人權利或影響船隻航行等情事，另外，漁業權執照裡頭的記載十分詳實，包括滬主姓名、石滬名稱、漁場位置、漁獲種類、申請時間，甚至是石滬建造歷史等資訊都一清二楚。

後續臺灣政府依然沿用此模式來管理石滬，並採取自然淘汰的方針，不再核發新建石滬的漁業權執照，只讓舊有石滬能延續申請，要是漁業權執照到期後未再申請，也會被視為放棄石滬漁業權，之後無法再重新申請，該石滬漁場回歸公眾，偏消極的管理方式意味著澎湖不會再有新的石滬出現，而舊的也遲早會中斷申請，最終等待澎湖石滬的就只有逐漸消失的窮途末路。

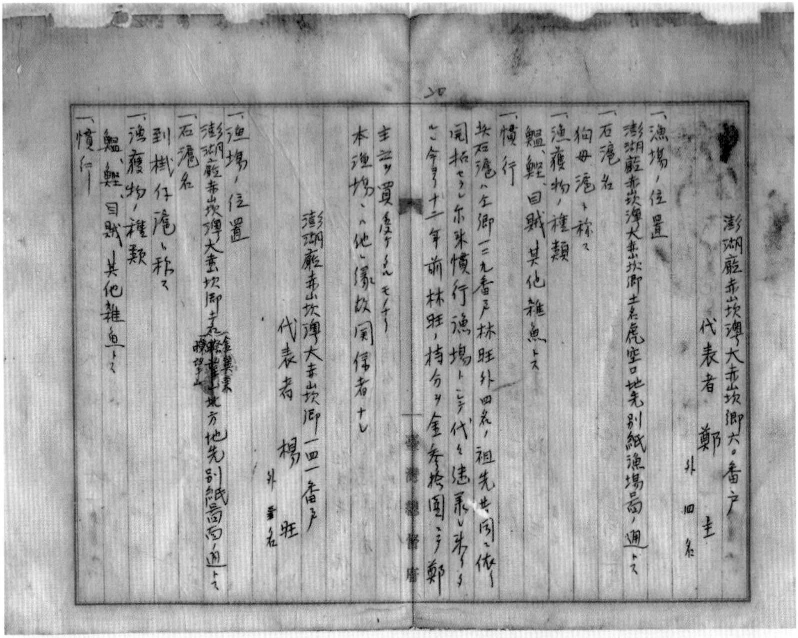

20

澎湖廳赤崁澳大赤崁郷六〇番戸
代表者　鄭　圭
外四名

一、漁場ノ位置
澎湖廳赤崁澳大赤崁郷土名鹿空口地先別紙漁場圖ノ通トス
一、石滬名
狗母滬ト称ス
一、漁獲物ノ種類
鰮、鰹、目賊其他雑魚トス
一、慣行
此石滬ハ大赤崁郷一二九番戸林旺外四名ノ祖先共同ニ依リ開拓セシ爾来慣行漁場トシテ代々継承シ来リタルニ今ヨリ十二年前林旺ノ持分ヲ金参拾圓ニテ鄭圭ニ買受ケタルモノナリ
本漁場ハ他ニ係争関係者ナシ

澎湖廳赤崁澳大赤崁郷一四一番戸
代表者　楊　旺
外五名

一、漁場ノ位置
澎湖廳赤崁澳大赤崁郷土名金嶼東方地方地先別紙漁場圖ノ通トス
一、石滬名
倒掛仔滬ト称ス
一、漁獲物ノ種類
鰮、鰹、目賊其他雑魚トス
一、慣行

臺灣總督府

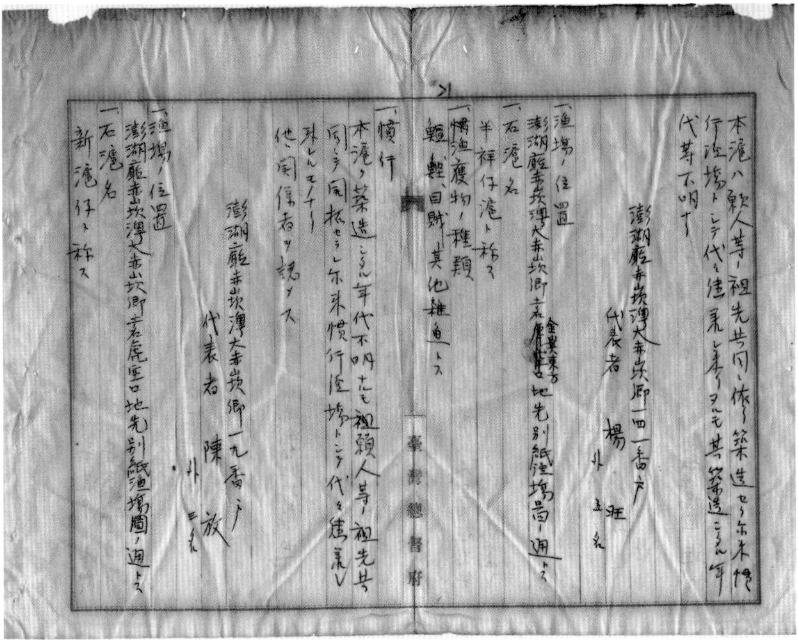

21

本滬ハ先人等ノ祖先共同ニ依リ築造セシモ爾来慣行漁場トシテ代々継承シ来リタルモ其築造セシ年代不明ナリ

澎湖廳赤崁澳大赤崁郷一四一番戸
代表者　楊　旺
外五名

一、漁場ノ位置
澎湖廳赤崁澳大赤崁郷土名金嶼東方地先別紙漁場圖ノ通トス
一、石滬名
半粿仔滬ト称ス
一、漁獲物ノ種類
鰮、鰹、目賊其他雑魚トス
一、慣行
本滬ヲ築造セシ年代不明ナルモ祖先人等ノ共同ニテ開拓セシ爾来慣行漁場トシテ代々継承シ来リシモノナリ
他ニ関係者ヲ認メス

澎湖廳赤崁澳大赤崁郷一九番戸
代表者　陳　放
外三名

一、漁場ノ位置
澎湖廳赤崁澳大赤崁郷土名鹿空口地先別紙漁場圖ノ通トス
一、石滬名
新滬仔ト称ス

臺灣總督府

一九一五年，赤崁村倒掛仔滬的復命書（報告書），內文詳載石滬名稱、漁獲種類、漁場位置等資訊。（圖片提供©國史館臺灣文獻館）

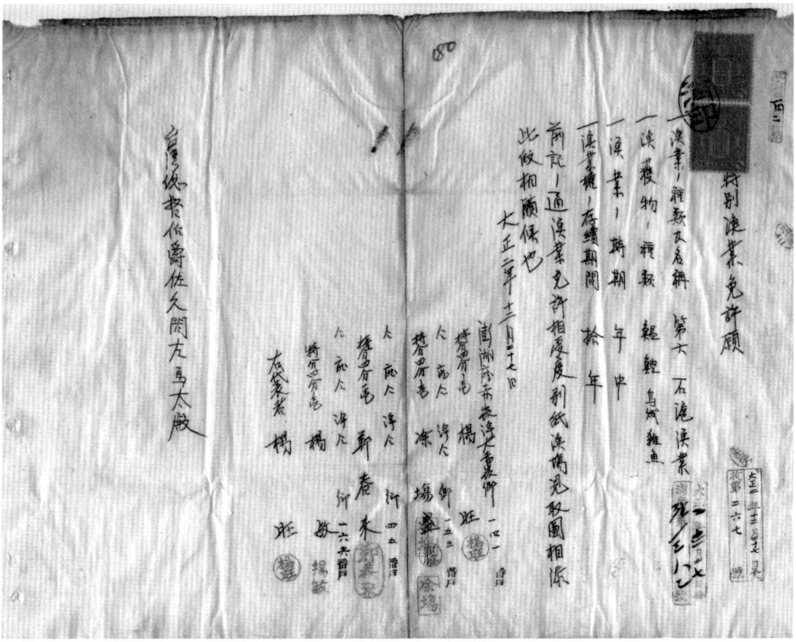

特別漁業免許願

一 漁業ノ種類及名稱 第六 石滬漁業

一 漁獲物ノ種類 鰮 鰹 烏賊 雜魚

一 漁業ノ時期 年中

一 漁業權ノ存續期間 拾年

前記ノ通漁業免許相受度別紙漁場見取圖相添

此段相願候也

大正二年十二月二十七日

澎湖廳赤崁澳大赤崁鄉 一〇一番戶 楊旺

仝廳仝澳仝鄉 一五三番戶 涂塌盛

仝 四五番戶 許春木

仝 一六六番戶 楊敏

右代表者 楊旺

臺灣總督伯爵佐久間左馬太殿

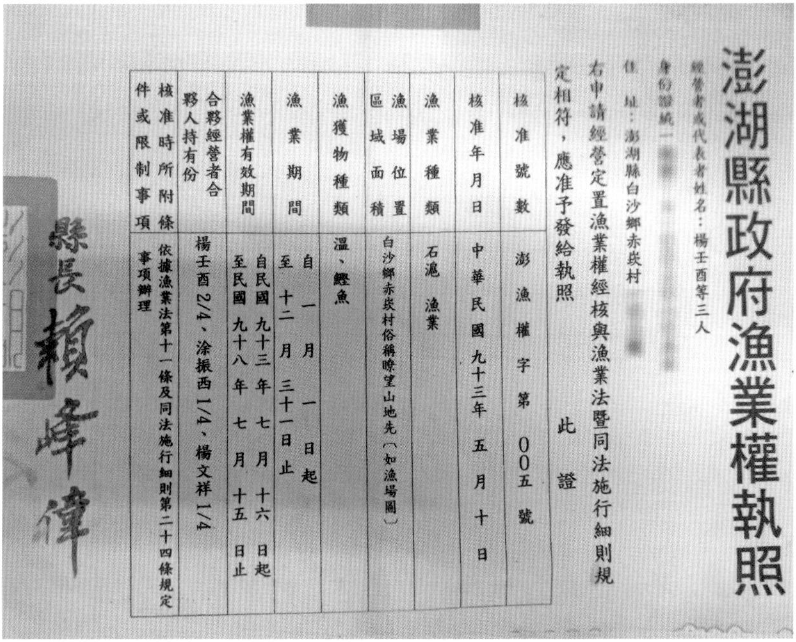

澎湖縣政府漁業權執照

經營者或代表者姓名：楊壬酉等三人

身份證統一[redacted]

住 址：澎湖縣白沙鄉赤崁村[redacted]

右申請經營定置漁業權經核與漁業法暨同法施行細則規定相符，應准予發給執照 此證

核准號數	澎漁權字第 005 號
核准年月日	中華民國九十三年五月十日
漁業種類	石滬漁業
漁場位置區域面積	白沙鄉赤崁村俗稱瞭望山地先（如漁場圖）
漁獲物種類	溫、鰹魚
漁業期間	自一月一日起至十二月三十一日止
漁業權有效期間	自民國九十三年七月十六日起至民國九十八年七月十五日止
合夥經營者合夥人持有份	楊壬酉 2/4、涂振西 1/4、楊文祥 1/4
核准時所附條件或限制事項	依據漁業法第十一條及同法施行細則第二十四條規定事項辦理

縣長 賴峰偉

1 一九一五年，赤崁村倒掛仔滬的特別漁業免許願。（圖片提供©國史館臺灣文獻館）

2 二○○四年，赤崁村倒掛仔滬的漁業權執照。（圖片提供©楊和成）

從魚滬腳目到乏人問津

說了那麼多歷史典故，澎湖石滬在過去到底有多鼎盛？有多少間石滬公司？漁獲量又有多誇張？澎湖人真的可以透過石滬達到財富自由嗎？

明治三十九年（一九〇六年），一位來自澎湖的北漂青年李漢如，因奔喪而返鄉，久別重逢的他彷彿重新認識了澎湖一番，於是他順手將這段返鄉之旅的所見所聞書寫下來，並分篇連載到自己所任職的《臺灣日日新報》上，標題名為〈澎湖紀略〉，其中談到澎湖漁民大多以石滬為生，漁獲可達百萬斤，居民因此安居樂業。

澎湖的石滬究竟有多少？追溯各年代官方的文獻與報告書，清朝最多是在光緒二十年（一八九四年）《澎湖廳志》載大滬兩口、小滬六十九口半還有未報升徵額的七口半，日治時期最高峰在《澎湖廳水產基本調查報告書》所載昭和五年（一九三〇年）的三百六十五口，而在非正式的新聞報導中，大正十二年（一九二三年）三月十二日的《臺灣日日新報》也寫到澎湖石滬有近五百口的數量。

但無論是哪一個朝代的官方紀錄，都只能呈現有正式向政府報稅或申請漁業權的石滬數量，事實上，有更多的石滬可能逃漏稅或沒申請，甚至是已經蓋好但因故棄置不用的狀況，所以無法準確呈現澎湖石滬實際的數量。

更接近真實的數據始於澎湖縣政府文化局，一九九六年至一九九八年，澎湖石滬進行了一次大規模的徹查，成果由洪國雄老師編輯出版《澎湖的石滬》，總計共有五百七十四口石滬，為澎湖石滬群奠定了良好的資料基礎，是後

澎漁諺

一份倒掛仔，可以養一家

倒掛仔滬是赤崁村漁獲豐富的石滬，這句諺語是指當時人們若是能擁有倒掛仔滬的一份股份，就足夠撐起全家人的生計。

赤崁村倒掛仔滬，目前仍偶有漁獲。

世研究者必讀的石滬經典，然而，因受限時空背景，當時還難以精準定位石滬，相關影像也只能以平拍視角拍攝，仍無法一覽石滬全貌。

二〇〇五年至二〇一二年間，李明儒教授接手啟動「滬口普查」，透過二度分帶定位石滬座標，並直接租借直升機進行空拍，將澎湖石滬數量更新到六百〇九口。

隨著科技日新月異，如今空拍機、水下相機、GPS等儀器普及且技術純熟，離島出走工作室自二〇一七年起相繼發現從未被記錄過的陌生石滬，截至二〇二三年為止，重新估算後的石滬數量高達六百五十四口，不難想像澎湖石滬群曾經創下何等龐大的收益。

真要回憶起過去石滬產業的榮景，老澎湖人總是口沫橫飛地說著，石滬裡被魚群擠得水洩不通，甚至是魚淹腳目看不見海水的盛況，只要拿起米袋隨興一撈就是滿載而歸，出動一家老小與牛車來回運送漁獲也不足為奇，其中最為人津津樂道的莫過於發生在吉貝村的一段真人真事，也是被轉述最多次的傳奇故事。

赤馬村牛心灣內滬，受困的煙仔魚在滬房內徘徊。

一九四五年，二次世界大戰期間，美軍空襲轟炸澎湖，吉貝村人楊順良家中遭受波及，阿嬤與母親雙雙遇難，頓時失去依靠，屋毀人亡的楊順良只能寄人籬下，直到一九四七年農曆十月初七，這天正好輪到楊順良來巡持有股份的「船仔頭滬」，沒想到，當天早上就有九百多尾鮸魚[3]入滬，總計重達一萬多斤，更錦上添花的是，晚上又有六千多斤的丁香魚報到，沉甸甸的舢舨在海面上來來回回，光是這一天的收獲就讓楊順良得以在一個禮拜後擇地重建家園，從此安居樂業。

3 —— 早期澎湖石滬常見的經濟性魚種之一，但如今幾乎在石滬中找不到鮸魚的身影，過去有「有錢食鮸，無錢免食」的諺語，意指鮸魚價高，有錢人才吃得起。

客魚厚獲　本初旬一二三等日。湖西庄管。紅羅罩鄉之淺灘及石滬。及馬公街轄之時裡案山等鄉。俱捕獲多數之鱙魚。及皮刀魚等。其魚身圓而肉薄。狀似刀形。故漁人以此名之。每百斤僅兌金四圓左右。至鱙魚身細小則醃作醬料。或晒乾作脯。購入者頗多。以爲冬季日之用云。

▲魚利大獲　白沙島大赤崁區管內　吉貝鄉。於數日前在石滬內。前後圍捕鯢魚。統計二千數十頭。幷丁香魚五千餘斤。傭船運下媽宮市場發兌。甚爲暢銷。尚有擬醃鹹　運往臺島者。亦漁人之一好運兒云。

澎南區沿岸石滬
昨擱獲大批黑鱙
漁獲增加．魚價下跌
每斤售價．只有四元

【本報訊】澎南區沿岸的石滬昨天又擱獲大批黑鱙，僅五德里沿岸四個石滬，即擱獲一千五百斤，由於漁獲量增加，魚價已下跌，每斤賣四元。

另外，時裡里漁船也捕到。[illegible]

少，黑鱙覓食較困難，可升。撈獲後加工即可久存，[illegible]

業者認爲，由於今年內海沿岸的石[illegible]

者沒有興趣承購加工。業者說，到下月底由於海水水溫升高，黑鱙將自馬公市內海，洄游到外海——虎井一帶海域，該處海域海生物較能就會變瘦漁價可望回

鰹魚厚獲

廳下例年舊曆十月起點。即有多數鰹魚。擱住石滬。或爲各港灘漁網捕獲。本年至去月初旬。始見結隊游弋。盛入漁網白沙庄石滬。捕獲至數百頭。現猶陸捕不少。價格市兌每擔十圓左右。零賣更爲好價云。

1　一九二三年十月十四日《臺灣日日新報》，紅羅村石滬捕獲鱙仔和皮刀魚。（圖片提供©漢珍數位圖書）

2　一九一六年一月二十日《臺灣日日新報》，吉貝村石滬捕獲兩千多隻鯢魚和五千斤的丁香。（圖片提供©漢珍數位圖書）

3　一九八七年三月五日《建國日報》，五德里石滬捕獲一千五百斤的鱙仔。

4　一九三六年一月七日《臺灣日日新報》，白沙鄉的石滬每年十月開始都會捕獲鰹魚。（圖片提供©漢珍數位圖書）

實際上，澎湖石滬在各鄉里豐收的盛況從日治時期就屢次見報，像是紅羅曾有鱙仔和皮刀魚成群擱淺、白沙鄉定期有鰹魚入滬、吉貝三不五時就有丁香和鮸魚報到，數以萬計的漁獲除了直接運往市區魚市場趁鮮販賣之外，在早期還未有冷凍設施的情況下，也很常會鹽醃做醬或晒乾成脯，再銷去臺灣本島。

即使不看故事跟報導，統計資料也直接證明了石滬漁業的輝煌，一九五〇年《澎湖縣統計要覽》記錄下當時全澎湖縣的漁業總產值為兩千一百三十九萬

澎漁諺

親像丁香、鱙仔咧落筍

丁香跟鱙仔是澎湖石滬常見的漁獲，體型小數量多，捕撈起來都是成千上萬，成群放入魚簍時顯得擁擠密集，故以此用來形容人群或物體比肩繼踵的模樣。

二〇一八年，吉貝村瀨的滬擠進成群的丁香魚。

〇一百元，石滬就占了一千六百五十六萬元，幾乎是全澎湖漁業總產值的八成，可以說那一年澎湖漁民平均每十元的收入就有八元來自石滬，而且更驚人的是，當時有漁業登記的石滬只有兩百〇七口，換算下來一口石滬的平均產值達到八萬元，是所有漁業中產值最高的。

轉眼間，七十多年過去了，令人想不到的是，一九五〇年代竟是澎湖石滬最後的掙扎，昔日海

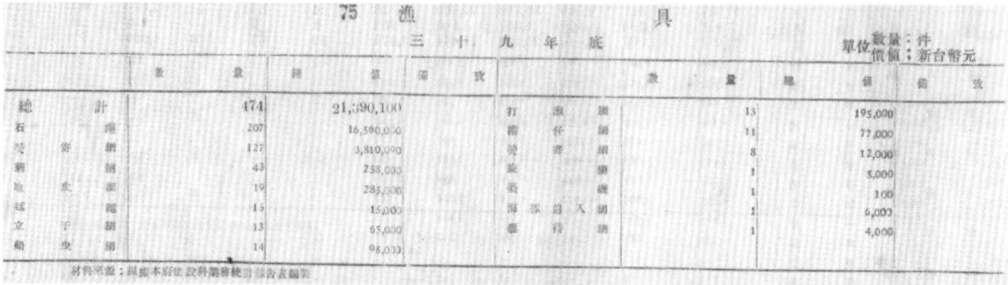

75 漁具

三十九年底

單位 數量：件 價值：新台幣元

	數量	總值	備考		數量	總值	備考
總計	474	21,390,100		[illegible]	13	195,000	
石滬	207	16,590,000		[illegible]	11	77,000	
[illegible]	127	3,810,000		[illegible]	8	12,000	
[illegible]	43	258,000		[illegible]	1	5,000	
[illegible]	19	285,000		[illegible]	1	100	
[illegible]	15	15,000		[illegible]	1	6,000	
[illegible]	13	65,000		[illegible]	1	4,000	
[illegible]	14	98,000					

資料來源：[illegible]

一九五〇年的澎湖縣漁業統計報表，石滬創下該年度近八成的漁業總產值。
（圖片提供© 澎湖縣政府主計處）

1 | 2 | 3

1　吉貝村傾圮的蝦紗滬與完好的船頭滬。
2　池西村外勢滬已被立竿網所取代。
3　原本是單滬房石滬的通梁村頂頭滬，現在僅剩一個滬房的殘跡。

洋的繁華已成歷史的神話，只留下跟不上時代變化的石滬，隨著一代代傳下來的股份越來越細碎，同一口石滬的主人與日俱增，可能一整年下來自己都巡不到幾次，更不用說近海漁業枯竭、機械船隻發達等環境因素，石滬的收穫早已每況愈下，看天吃飯的石滬不符合經濟效益，承接的後代也委而棄之轉往發展其它漁業，最終，無人看管的石滬任由風浪侵襲，坍毀之後再也沒被重新砌起，石滬就此從宏偉的海中長城化為一地毫不起眼的散石，埋沒在長年的砂砱之中。

截至二〇一九年，全澎湖將近七百口的石滬只剩下十四口仍有持續向地方政府申請漁業權執照，這並不代表澎湖只剩下這幾口石滬還有漁獲，也不是說明現今的澎湖人不使用石滬捕魚，而是象徵著，澎湖人與石滬之間的關係不再如以往緊密，澎湖石滬正在成為歷史。

前一章描繪了滬與石滬的「過去」，接下來這一章，將從第一人稱的視角，帶領各位更深入走進澎湖石滬的「現在」。我們是因關注石滬文化，而誤打誤撞返鄉創立了離島出走工作室的澎湖青年，有時會被地方的村民唸成離家出走或離島出家，但無論是哪一個，曾經離開的我們已經回到家島，並在這裡努力將理想化為現實，而一切都從這裡開始……。

II

做滬的戇人

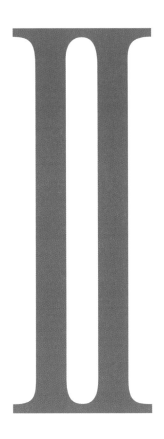

與石滬的第一次接觸

這幾年，時不時可以聽到「臺灣四面環海，是座海島國家」這句口號，但也有人不斷地感嘆「臺灣只有海鮮文化，沒有海洋文化」，想必生活在臺灣的大家都有過這個疑惑，我們為什麼會跟這麼親近的海洋如此不熟？就連出生在澎湖，從小被海養大的我，過去對大海也是十分陌生，甚至一度以為雙心石滬只是人造景觀，不要覺得荒謬，這就是一個發生在澎湖人身上的真實故事。

返鄉尋求與海的連結

澎湖島上只有一所技職大學，在高中職畢業後，除非要考軍公教或從事觀光業，不然大部分的澎湖學子都會選擇到臺灣求學，畢業之後就順勢落地生根，留在臺灣就業發展，這本來也是我預期的人生規畫，但鄉愁卻進來攪了局，離島的交通成本高，飛機船班的次數也少，一年只有寒暑假能奢侈兩次，如果沒有長假，根本連家都不敢回，思念隔著一片汪洋，離家的距離似乎更遠了。

從澎湖出走到臺灣，除了伴有大學新鮮人的緊張感，更多的是要習慣臺灣澎湖之間的差異，資源的落差自然不用說，感受最深刻的反而是文化衝擊，來自四面八方的同儕、從未體驗過的生活環境，還有在澎湖參加不到的有趣活動，各式各樣的交流迎面而來，雖然過程中我總自豪地介紹自己來自澎湖，但只要話題一談到澎湖我就容易語塞，不知道該聊什麼好，就連朋友問說澎湖有什麼好吃好玩的，都還要上網作功課，這才發現，自己其實對於澎湖一無所知。

從小住在馬公市區，像個澎湖小天龍人，但生活依然離不開海，家裡距離海也不過五分鐘的路程，還記得，當時每天吃著阿公釣回來的石斑魚，阿嬤會將煮過的魚湯拿來燙麵線，魚肉沾上一口蒜頭醬油配一碗魚湯麵線就是最熟悉的家鄉味了，現在回想起來，我居然沒好奇過阿公去哪裡釣的石斑，也不知道阿嬤對每一種魚都有不同的料理方式，甚至從來沒有走過我家附近的潮間帶！不敢相信這樣的我還敢自稱是澎湖人。

深感愧疚之餘，期許自己要成為真正海生海長的澎湖人，我開始趁著寒暑假的期間重新認識澎湖，離開舒適圈走進從未路過的鄉下村落，用破臺語搭訕正在晒魚乾的阿伯、田裡拔花生的阿嬤，或是剛上岸摸了滿滿紅蚵的婦人，沒有什麼特定的目標或一定要達到的成果，就只是用著笨拙的方式去參與那些曾錯過的日常。

就這樣直到二〇一七年，那一年我遇見石滬，開啟了心中對於留在家鄉生活的另一種想像，也決心返鄉並留在澎湖。

認識石滬的起點要從返鄉的初心說起，當時只知道自己

認識石滬的起點，潭邊村景一隅。

想留下來，還沒有明確的目標與方向，缺乏一個支持自己持續留鄉的著力點，徬徨的我只能漫無目的地找澎湖同屆的朋友聚會，心想說不定有人會有類似的瓶頸，結果一聊才知道，原來不少人跟我有著同樣的矛盾，都想留在家鄉，卻不知道自己能做什麼。

就在這時，聚會上的朋友宸源忽然冒出了一項提議，「要不要試試看修石滬？」

「石滬!?」我滿臉問號。

宸源是湖西鄉潭邊人，跟我不一樣，他是道道地地在海邊打滾長大，跟著爸爸在石滬裡抓魚、走跳潮間帶的海上男兒，他說想修的石滬就是小時候在裡頭玩耍的那一口，那是他們家族持有股份的石滬，因年久失修而逐漸崩塌淤積，他覺得如果真的修復起來肯定會很有意義，剛好聊到返鄉的動力，他靈光一閃就想問問看我有沒有興趣，說不定之後還有機會動員社區或更多人一起參與。

宸源補充，他們家的這口石滬名叫「西頭滬」，是潭邊村規模最大的石滬，由當地陳、許、歐姓家族共同持有，從清朝傳到現在，股份複雜、滬主人數很多，但是因為漁獲已經沒以前那麼豐碩，所以大家也不是太在意西頭滬日漸衰頹。

宸源説到這，我都還沒接上話，他又開始滔滔不絕分享起家族石滬的歷史、出現在裡面的各種漁獲生物，還有抓捕過程中發生的種種趣事，越説越神采奕奕，講得十分起勁，就連我也莫名聽得津津有味，雖然當下的我完全不懂石滬，更不會修石滬，但石滬的形象一下子就在我腦海裡變得鮮明立體，我對宸源口中的石滬充滿好奇，我也想進入石滬的世界瞧瞧。

上帝視角下的澎湖島嶼和石滬

二〇一七年初夏，循著宸源的引薦，我們來到他的故鄉，潭邊村，一個容易被觀光客忽略，位處邊陲的村落，在這裡，我們將展開那個還不怎麼明確的返鄉計畫，宸源介紹過，西頭滬有很多位滬主，既然想進去別人家修石滬，那必須要有滬主們的同意，我們預計先拜訪一些滬主，然後再開一場滬主大會來取得共識，宸源是潭邊在地人熟門熟路，所以他負責聯繫村內的其他滬主，而我呢？則是要先來好好認識西頭滬。

第一次接觸石滬，還不清楚該透過什麼方式或流程，只能把所有想到的事都做過一遍，現地場勘、村內訪談、文獻蒐集，還有最突發奇想的，空拍。

當年剛好搭上空拍機方興未艾的潮流，我們找到駐點望安花宅的胡文淵老師，請他協助空拍西頭滬，老師大方出借**Phantom 4 Pro**還附贈現場教學，在老師的指導下我們進行了人生第一次的空拍調查。

一開始我們先在岸邊試飛，握著遙控器的雙手顫抖著，起飛、移動、降落，緊盯即時傳送的畫面，首次用上帝的視角俯瞰大地，分不清東南西北，每一個步驟都顯得戰戰兢兢，深怕空拍機一不注意就失控飛向天際，隨著幾次的示範演練下來，漸漸習慣了操作，老師也覺得時機成熟，就要我們不要怕，徑直飛向大海就對了，於是我們深呼吸一鼓作氣就往大海飛去。

首先映入眼簾的是靠岸的另一口石滬「港滬」，它的伸腳在海面上綿延不絕，好像沒有盡頭似的，所以我們將機身的飛行高度再微微拉高，調整鏡

潭邊村西頭滬，從一頭跨到另一頭，在海上長達近八百公尺。

頭角度，然後就看到了潭邊村僅存的兩口石滬「港滬」、「西頭滬」，還有它們顯眼的愛心，當下的震撼無以名狀。

「天呀！真的好驚人，是石滬耶！」無限的驚呼打從心底衝出。

在親眼看到之前，真的都不敢相信，石滬畫弧的曲線如此工整而綿長，跨距超乎想像地波瀾壯闊，更詫異的是，它就在離我們這麼近的地方，而生活在島上的我卻渾然不知，像是靜靜等待人們發現的深海寶藏，這時候我才相信，原來整個澎湖真的是被石滬給包圍著。

我趕緊壓抑自己激動的情緒，把握住空拍機剩下的電量，用著還很拙劣的技巧，盡可能多拍攝一些素材，迫不及待想跟宸源還有其他滬主分享眼前的景觀，第一次的空拍就在滿滿的興奮與期待中圓滿結束。

回工作室以後我們一再審視空拍的成果，面對海上石滬的宏偉，即使是坐在筆電前，內心的悸動還是無法平靜，就在我們沉浸在未來的想像時，胡老師忽然捎來訊息，他發現今天的空拍其實有拍到三口石滬，除了港滬、西頭滬之外，居然還有一口在角落不起眼的小滬。

我們逐個點開影片檔仔細比對，的確有不經意拍到些許的殘跡，只是從外觀上看不太出來是一口石滬，滬體倒塌四散僅剩一顆愛心還依稀可見，奇怪的是，按過去文獻記載，潭邊村應該只剩下兩口石滬才對，這口多出來的石滬是怎麼回事？當下雖感疑惑，但其實我們也沒放在心上，畢竟首要的任務已經完成了，所以沒去細究。

後來宸源帶我們去拜訪幾位還在巡滬的年輕滬主，講述我們想要修西頭滬的想法，過程中輔以空拍照解說，看到空拍照的滬主們眼睛都為之一亮，不斷縮放圖片想瞧個仔細，因為滬主們從小在西頭滬裡討生活，對於石滬的紋理結構、海域的深淺或是附近大大小小的礁岩都一清二楚，好比自家廚房一樣，但用這個鳥瞰的視角來觀賞家族的石滬卻還是頭一遭，彷彿成了最熟悉的陌生人。

「對對對，這裡比較深啦！」

「喔喔，原來這裡是這樣彎。」

「可以把照片傳LINE給我嗎？」

看見空拍照的滬主們像發現新大陸般，一會喃喃自語，一會嘖嘖稱奇，頻頻點頭又驚嘆不已，滬主們的真實反應讓身為海洋菜鳥的我，第一次切身感受到石滬與澎湖人之間密不可分的關係，原來這就是石滬不可思議的魔力。

非預期的滬主大會

有空拍照的助力，滬主們的話匣子大開，對村落海域與石滬漁場侃侃而談，跟宸源的訪談進行得很順利，我們也總結出西頭滬目前所遭遇的兩大威脅，崩落的滬體與淤積的滬房。

首先，所有石滬的崩塌傾圮都是避無可避的問題，除了風浪所造成的自然影響，也有在地居民為撿拾螺貝類而隨手翻動石塊的人為因素，石滬在汪洋中有著無法防範未然的難處，所以石滬勢必要每年固定檢修，才得以保存其作用。

其次，則是困擾全澎湖沿岸漁業的亙古難題，珊瑚碎屑的淤積，即澎湖俗稱「砂砱」的死去硬珊瑚斷枝，砂砱成堆聚集在潮間帶，生物原有的棲息空間被壓迫，久而久之形成一片不斷擴張領土的海洋墳場，所到之處生靈塗炭，而石滬也受砂砱的波及，漸漸被掩埋困不住魚群。

說實話，眼下西頭滬遭遇的窘境已明顯超出能力所及，更何況我們還只是一群不懂石滬的外行人，所以同一時間，我們不只泡在村子裡聽故事，也開始想方設法拜訪澎湖過去在

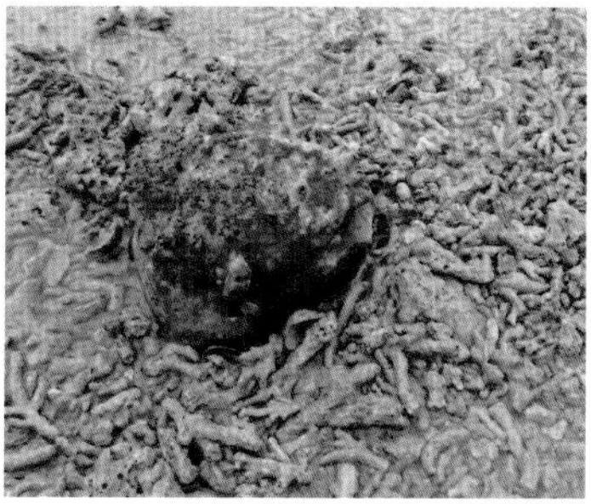

砂砱淤積，是澎湖石滬沒落的主因之一。

石滬領域中的先進，在聽完演講後攔截、直奔學校辦公室或到工作場所巧遇，就是無所不用其極想請教如何修石滬，打聽關於修石滬的師傅、工具、方式、流程等所有我們一無所知的資訊。

無論是返鄉也好，或第一次踏入石滬的世界也罷，當下所面臨的都不是水深及膝的潮間帶，而是驅使挑戰者要奮力向上游的深海，在這裡，你的五感不起作用，方向感盡失，沒有導引繩讓你拉著拉著就能探出水面，但也不能就此待在原地不動，總要跟隨自己的心試著前進。

我們跟一些滬主打過照面，也已經清楚西頭滬的問題所在，同時也在找尋修石滬的師傅，一切彷彿漸入佳境，我們也看似做足準備，擬好了初步的修復規畫，事前雖然獲得大部分滬主的首肯，但慎重起見，還是請宸源盡量把滬主們給找齊，約好了日期時間要在社區活動中心來一場滬主大會。

當天一開始，本來信心十足地只當走個程序，但隨著時間逼近，一位位滬主魚貫入場，我們的心跳也不禁急促了起來，一回神，台下已坐滿了十多位長輩，在等待期間大家議論紛紛，有些左鄰右舍在閒話家常，有些對於修石滬一事各抒己見，但更多的是上下打量這一批小毛頭要搞些什麼名堂，目光的犀利與現場流竄的耳語快把我們給刺穿，這時候才意識到自己的天真已經晚了。

眾人坐定位，我們便鼓起勇氣開始比手畫腳地說明來意，說著一個在當時可能連自己都難以說服的修石滬計畫，內容是我們會請石滬師傅來修西頭滬，而且會跟著邊做邊學，除了徵詢滬主的同意，也想邀請村民一同參與，還有預計修復的範圍、時間等劈哩啪啦講完之後，整個過程幾乎不到十分鐘，但接著要迎來更為漫長的十分鐘，滬主們開始交頭接耳，而在我們一廂情願的想像中，有人出工出錢幫忙修石滬，應該是件百利而無一害的美事，想不到什麼被拒絕的可能。

「我不同意！」就在我們要鬆一口氣時，一位滬主阿伯猛然起身發難。

滬主阿伯開始發表自己的想法，他認為修石滬的大量人群會影響到石滬中的漁產，甚至可能引來外地人的覬覦，而且他對於修石滬也自有打算，所以他拒絕我們所提出的修復計畫。

「我預計十年內可以修好，我們自己修就可以了。」阿伯語畢，底下其他滬主的反應不一，也有說服到一些人。

這番話像顆巨石重重砸下，我們的心都涼了，從未設想過這樣的狀況會發生，更不知道該如何應對，只能任由它在現場發酵擴散，我們深知，只要有一個人不同意，這件事基本上就告吹了，即使有大力支持修復的滬主站出來贊聲，阿伯依然堅決反對，到最終還是無法取得一個平衡點，沒有太多掙扎求生，滬主大會草草結束了，散場之後，有些滬主留下來表達鼓勵與遺憾，而我們則是留下滿滿的挫折感。

到了這一刻，我們才開始真正碰觸到石滬的核心價值，也就是石滬在老一輩澎湖漁民心中的意義，如今自己對於石滬有一定的認識與研究後，才能感同身受滬主阿伯的立場，更何況當時我們還只是一群突如其來的年輕小伙子，會被輕易接納才是不可思議，任何在地方展開的行動，若是沒有符合地方人們的需求或期待，是很難執行下去的。

剛點燃對石滬的熱情馬上被一盆冷水澆熄，只好沉澱下來療傷，也不甘心地想著，難道真的要放棄修石滬嗎？反覆瀏覽石滬的空拍影片，正當心裡可惜這些原定要一鳴驚人的素材如今已派不上用場，突然間，當初那從未被

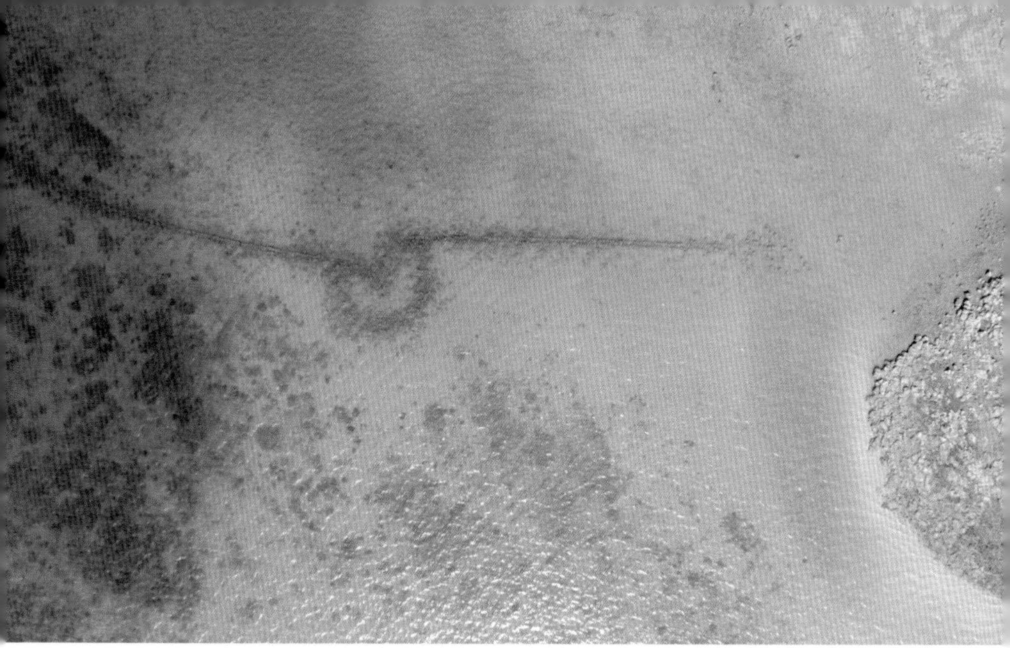

潭邊村新滬，海面下的模糊愛心以空拍角度才隱約可見。

我們正眼看待的第三口石滬重新映入眼簾，一股不知從何而來的念頭興起。

「如果，我們改修這一口石滬呢？」心中又燃起一把希望之火。

這一次，我們轉換跑道，再度深入潭邊，為這一口沒有出現在文獻中的石滬確認身份，尋找任何瑣碎的記憶線索，終於，從在地耆老的口中逐漸拼湊出凋零石滬的來歷。

它叫「新滬」，是一口年輕的石滬，但沒落的也比較早，據宸源的父親口述，新滬在三、四十年前的狀態就跟現況沒什麼兩樣，雖然一開始也曾受鬼頭刀、紅甘的寵幸，有過輝煌的漁獲紀錄，但自從鄰近的中正橋跟青島魚塭陸續蓋了起來之後，新滬每況愈下，大環境的變遷令無奈的滬主也只能棄置不管，新滬提早步入歷史，也就是說，目前的新滬等同無主的

平視下的新滬，令人無法想像它曾是一口石滬。

廢墟，既沒有漁業權的申請保障，也幾乎快沒了石滬應有的形體。

我的心頭一震，新滬沒有滬主也沒有人在使用，是否代表不會有人出聲反對？此時潭邊的理事長跟耆老長輩們也鼓勵我們不要放棄，可以嘗試修復新滬看看，雖然幾番波折下來，玻璃心不知碎過幾回，但我還是很想用自己的力量認識石滬，找出為什麼石滬對於澎湖討海人來說如此特別？或許就是這股執著驅動，我們遇上了長年被忽視的新滬，海墘下的它，有如散落在潮間帶上的一團散石，看似毫無章法，已不存在人為疊砌的痕跡，與其說「修」石滬，倒不如說是必須從無到有的「蓋」石滬了，修滬之路依舊是困難重重……。

修滬之路

從西頭滬的滬主大會到無主的新滬，像是循序漸進破解返鄉所設下的任務關卡，原先單純的修石滬也昇華成一個全新的命題，不斷地在我們腦中縈繞，那就是，為什麼要修新滬？

一般而言，澎湖的石滬修復除了民間自力維護之外，大多是仰賴公部門聘請吉貝村的石滬工班，進行有組織且系統性的修葺，其主要目的不脫離保存傳統文化或延續漁撈功能這兩者，所以在決定修復標的時，通常會選擇仍有在使用、雖有損壞但狀態尚可的石滬，就如同我們一開始選擇西頭滬的原因一樣，純粹是期待未來修好了，滬主們可以繼續使用石滬來捕魚，歷史文化得以傳承，而我們也能從中認識到石滬更多的面貌，但如今，同樣的修復意義套用在新滬上卻完全不是那麼一回事。

在實際進入修復的程序之前，我們必須認知到，修復新滬至少有以下幾個前提要琢磨。首先，新滬的沒落主因是鄰近的人為建物影響了當地水文，即使石滬的本體修好，也無法改變這個事實，更何況，現今漁業資源的枯竭已是全球共業，既然抓不到魚，那為什麼還要耗費心力修石滬？其次，倘若新滬修葺完畢，對於地方的益處或意義是什麼？假使真的恢復往日榮光、漁源廣進，那麼漁獲該屬於誰呢？再者，時間一久，新滬日後必定還是會有所傾圮，將來的維護又該如何負責？

想著想著，不禁又陷入一陣躊躇的無限輪迴中。關於上述問題的答案，只能在前進中摸索，或許，修復新滬並不是為了再捕魚，而是想透過這個行動擾動地方，進而將工法傳承，讓有意參與的人從中學習如何修復，有朝一日可以應用在澎湖各村的石滬上，也讓其他滬主們看見另一種可能性，至於未來是否還能磨擦出更多火花，就得走一步算一步了。

匠師登場

簡單理清頭緒，我們開始正視「如何修復石滬」這最關鍵的課題，回想起來也覺得荒謬，怎麼會有如此的信心與毅力，要做一件自己完全不擅長與不熟悉的事情呢？居然只憑著想返鄉生活和認識澎湖的信念，就一頭栽進來了。

初期在取得石滬師傅的聯繫管道花了不少時間，由於石滬議題相對冷門，資訊十分有限，當時唯一知曉的石滬工班，是具有文資身份的吉貝保滬隊，但吉貝位處離島，若邀請師傅們遠從吉貝來到澎湖本島施作教學，其中所衍生的食宿交通成本，並不是當時的我們能力所負擔得起，不過念頭一轉想到，如果整座澎湖群島有上百口石滬，而且只要村落臨海幾乎都有石滬的分布，那是否意味著澎湖本島，包括潭邊村所在的湖西鄉，一定也會有修石滬的師傅存在於坊間？懷著一絲希望與猜想，我們透過長年鑽研石滬議題的李明儒教授，隨即證實這個想法，也成功取得了湖西鄉紅羅社區理事長，同時也是該村石滬工班班長「坤師」，洪振坤師傅的聯絡方式。

吉貝保滬隊每年負責修繕全澎湖各處的石滬，該圖為二〇一八年修復山水里深滬。

望著手機的通話鍵許久，這串數字就像是開啟未知寶箱的密碼，或許將帶領我們邁向不一樣的世界，是緊張也是興奮，只記得當時過了一個晚上，不知道該怎麼開口，模擬了各種情境，並且刻意避開長輩可能睡午覺的時間，在下午接近傍晚，確定好開場台詞才敢播出電話。

「喂～汝好！」爽朗的海口男兒腔從電話那頭傳來。

「呃……喂喂，師……師傅您好，我和我的朋友想在潭邊修一口石滬，是否有機會可以邀請你來幫忙？」這段話實際上是不輪轉又結結巴巴的臺語夾雜國語。

「可以啊！先約個時間來看石滬。」修石滬對坤師來說似乎是家常便飯。

後續的對話中，雖然坤師沒多問，但我大致說明了來意還有修石滬的目的，並談好場勘時間、測量工具的準備，這才忐忑地掛上了電話。

也是直到後來才知道，原來石滬工法一開始並不是所謂的「專業」技能，也沒有「石滬師傅」這種行業，在早期澎湖石滬興盛的年代，只要家中有經營石滬，幾乎都要從小幫忙巡滬、修滬，並不需要經過嚴謹的教學或訓練，就好比現代人各個都會滑手機、玩電腦一樣，是長期的耳濡目染下就會自然習得的一種生活方式，雖然其中不乏技術特別出眾之人，會被不同村里的鄉親聘請前去負責石滬的設計與疊砌，如吉貝村著名的芭樂師林博，但基本上仍屬少數，難以此為業，一般碰上日常的損壞，還是這些滬主們各自獨立修復。

其實，現今仍有為數不少會修石滬的耆老隱於鄉間，但大多年事已高，無法再重返潮間帶從事粗重的修復工作，加上環境與社會的變遷，捕不到魚的石滬被棄置，非生活必需的工法也逐漸失傳，石滬修復這才成為一項稀有而珍貴的技法。

且龐大的石滬工程往往也不是一人之力就得以完成，需要的是一個人力充足且具組織性的工班，要有統籌一切發號施令的工頭，也要有不同工項的成員各司其職，眾人分工合作才能將成千上萬的石頭聚合成一口石滬，所以吉貝島現存的石滬保滬隊才顯得如此難能可貴，以澎湖目前來說，還具有工班規模的石滬修復，可能真的只剩下吉貝村與紅羅村，而且最年輕的師傅至少也五、六十歲了，我們是何其幸運才碰巧可以接洽到坤師。

菜鳥場勘初體驗

來到場勘當天，和坤師的第一次相見，是約在潭邊村的東明宮前，當時從沒想過，待會出現在眼前的這位長輩，將會與自己結下更深的緣分與情誼。

一台車駛來廟埕，上頭坐著兩人，搖下車窗向我們打招呼，開車的人便是坤師，他頂著一顆光頭，深邃的五官帶著和藹的笑容，看上去比想像中隨和，坐在副駕略為壯碩面無表情的年輕人則是他兒子。寒暄過後，我們便騎著摩托車在師傅車前領路，走過一段鄉間小巷才到新滬所在的海岸邊，到底還能不能修復，馬上就要見真章，此時所積累的惶恐不安也到了極限。

適逢退潮，差不多到小腿肚的水深，新滬七零八落的亂石堆在海面上若隱若現，正如我們七上八下的心情。停下車，我們說明了新滬的位置，坤師

二〇一七年五月九日，首次場勘測量。

瞇起眼盯著，也沒有多廢話，便徑直步入大海走向新滬，最印象深刻的是，坤師僅著一身輕便的短袖衣褲和霸氣外露的拖鞋，就一副神態自若的身姿在海中穿梭，在充滿碎石礁岩的潮間帶上卻有著穩定且快速的步伐，和腳步踉蹌的我們形成了最大的對比，我們只能努力跟緊坤師，一路拖著水吃力走到新滬的滬房，看著淤積掩埋又不成滬形的殘跡，如果沒有空拍照佐證，我真的也不敢相信眼前的這堆石頭其實是石滬，坤師沉默地環視周遭好一會，直到我們提起勇氣苦笑地問。

「師傅，這個樣子還可以修嗎？」我怯生生地問。

「可以啦！基礎都還在，沒什麼問題！」坤師隨即露出笑容，一派輕鬆地說。

整個過程不到十分鐘，坤師早早就作出了修復可行的判斷，他開始跟我們講解修石滬的最大原則，就是無論石滬怎麼倒，即使損壞再嚴重，只要它本來的基礎石還在，就一定可以修，坤師還補充道，他家在紅羅的石滬狀態更誇張都修得起來了，這口新滬根本是小兒科。

如此肯定的回答配上坤師燦爛的笑容，我們頓時如釋重負，幾乎要在滬房裡相擁而泣了，日後的我們才知道，原來這個笑容就是坤師的招牌，不管遇上什麼困難，只要微笑面對，那世上就沒有什麼解決不了的事。

拜滬開工

一路跌跌撞撞到現在，我們開始有地方的支持，也找好修復標的，就連修復的技術也有著落了，如今我們要面對最現實的問題，就是錢。

修石滬需要錢，這是現實也是理所當然的事，畢竟師傅們也不是吃飽了沒事做，也要生活要養家活口，紅羅石滬工班裡的師傅本業有木工、鐵工、裝潢、建築工，不可能平白無故犧牲自己應該工作賺錢的時間，陪著一群不知道想做什麼的年輕人到海裡做苦工，於是，跟師傅們事前溝通好酬勞也是必要的一環。

當時我們的資金來源僅有農委會水保局的「洄游二次方」，這是一個鼓勵青年返鄉的行動計畫，申請完扣稅後剩下二十七萬，但這對於修石滬來說幾乎是杯水車薪，正常修復一口石滬需要多少錢呢？

公部門一般視石滬的損壞程度，補助的修復經費甚至可能破百萬，但我們是私人修復，也要承擔團隊的其它支出，無法全額挹注在修石滬這件事情上，對於師傅們來說，我們的修復委託絕非一門好生意，同樣的時間，他們大可以去承接其他既穩定又工期長的正事，所以，我們必須跟坤師坦承經費有限，然後看坤師跟他的工班們是否還有意願接下這一個苦差事。

解釋的過程一樣用著破臺語支支吾吾地進行，一開始坤師看似面有難色，但後來他了解到我們不只是單純修石滬，而是想記錄其中的工法，並轉譯成活動，讓更多人認識澎湖的石滬文化，他聽一聽也覺得有趣，便一口答應下來。

「沒關係啦！反正我們就盡量做，做到妳說停。」還是坤師的那個招牌燦笑。

到了這一刻，我們終於可以鄭重宣布，潭邊村新滬的修復工程即將正式啟動！

開工在即，除了張羅修石滬所需的工具，坤師還特別提醒我們也要準備「拜滬」，拜滬是澎湖石滬傳統的祭祀習俗，類似於陸地上的動土儀式，在建滬或修滬之初，擺設牲禮向海祈求石滬公、水仙尊王、四海好兄弟等，保佑工程進行順利與人員出入平安，並且牲禮中的魚頭一定要朝著內陸，象徵魚群未來會游進石滬帶來滿滿漁獲，從前每逢初一十五、初二十六或十月初十水仙尊王誕辰，乃至豐收之日，滬主們也都會備妥供品到海邊祭拜，因應不同區域而有不同的習慣方式，也反映出澎湖人順天敬地的精神。

說也慚愧，拜拜這件事對我們來說跟石滬一樣陌生，關於牲禮種類、金紙數量，到擺放位置、流程順序，無一不是在坤師的指導下才一步步就位，包括挑選適合拜滬的好日子。

二〇一七年六月二十日，農曆五月廿六，宜動土，潭邊村新滬拜滬開工。

由潭邊社區理事長陳國文偕同離島出走工作室，還有參與新滬的修復工班，坤師、發哥、陽哥、施仔四位師傅，在岸邊的玄天上帝小廟，面向大海設好供桌擺放牲禮，默默地點香化金，煙霧中瀰漫著一絲肅穆，也摻雜了些彼此還不熟識的小尷尬。

即使對於漁業環境的變遷心知肚明，當天拜滬的眾人，還是真誠地拿起香，拜著石滬公，祈願石滬完好如初、漁獲豐收，重現古禮的那一刻，就像是坤師帶著我們走進找回石滬文化的路，傳承的意義或許在每個人心目中都有各自的解讀方式，但無論如何，所有過程都是美好的。

從眾人的共同參與到拜滬的準備，我們一起讓一個沉寂的文化再次復甦起來，並感受到

重現拜滬儀式，有請慈藝媽坐鎮，牲禮魚頭朝內，眾人向海祭拜。

過程中的種種真實，不只是做做樣子，而是有所本的由心接受，回想起這樣的真誠，上帝公、地基主、石滬公與大海似乎都聽到了，讓我們接續的返鄉旅程能一路走到了現在。

祭拜告一段落，坤師說，開工這天要象徵性地下海挪動一下石頭，代表著我們要開始修滬了，說罷，幾位師傅便戴起手套，肩擔拔釘器與二齒耙，步入海中走向離岸最近的一段本來屬於滬彎的石堆，熟練地翻動起石塊，而此時的我們就只能緊跟在後有樣學樣。

雖然短暫非正式，但第一次下海修石滬的場景至今難忘，半身泡在水中，似乎沉浸在了時空迴廊，烈陽灑下，因翻攪而混濁的海，師傅們顯得立體的臉孔與俐落的動作，每個畫面都充滿著歷史既視感，親手抱起、扛起、搬起、挖起才能深刻了解砌一口石滬的困難，每顆石頭少說都數十斤，更不用說有上百斤重的基礎石，「以前要蓋一口夠大的石滬至少要花五到十年的時間」、「一口石滬需要數個家族的人力才能完成」、「石滬一次潮汐的漁獲可以高達上萬斤」、「我們澎湖人冬天就是靠石滬過活！」那些關於耆老口述的故事、文獻的記載、任何傳說中石滬的豐功偉業，彷彿都活生生地在眼前上演，而自己正是參與其中的一份子，或許對石滬的執著就是從那時候深深種下的吧。

要上工，先讀懂潮汐漲退

關於修石滬，第一件要學會的事，就是決定每日上工時間。

早在拜滬之前，坤師就給了我一個任務，他請我整理好接下來一連串修滬的時間表，還有每天在LINE群組通知師傅們上工的時間，因為每日下海修滬的時段會依潮汐有所調整，而且師傅們平日還有各自的正職工作在身，一不注意就容易忘記。

開工修滬這天，就此踏入石滬的世界。

澎湖地區的潮汐是典型的半日潮，歷經十二小時就是一個完整的潮汐，六小時漲到滿、六小時退到底，一天之內會有兩次漲退潮，兩次退潮都是潮間帶的黃金時段，這時的潮間帶顯得特別和藹可親，不黯水性的居民也可以在上頭安心進行各式各樣的漁法採集，對於老澎湖人來說，掌握潮汐早已是流淌在血液中的DNA，只要知道今天是農曆幾號，便馬上可以得知此時此刻的潮汐如何、適不適合下海，但身為剛返鄉的菜鳥澎湖人，我還是乖乖地上網查了中央氣象局的潮汐預報。

雖然潮汐預報提供的資訊標明了每天的潮汐大小與漲退時間，但每口石滬因為離岸遠近、水位深淺、海域地形等因素，每日露出海面的範圍與時長都不太一樣，外海離岸上百公尺的石滬，僅有大退潮才會展露全貌，而與沿岸相連的石滬，即使是小潮也有可能會現出輪廓，所以每一天能下海修滬的時間顯得精華且不固定，短的話兩、三小時就差不多，長一點四、五小時都有可能，為了更準確判斷新滬未來的修滬時段，我們花了兩週左右的時間，每逢退潮就跑到石滬現場，感受潮汐與石滬之間的變化，這樣的學習與事前準備是非常重要的。

二〇一七年六月二十一日，潭邊村新滬，正式修復的第一天。

坤師曾分享，想蓋一口石滬，工法是其次，懂得判斷當地漁場、水流方向與潮汐關係才是最重要的，而「滬房」作為一口石滬的命脈，不只是建造的起點，同時也是修復的首要目標。

在過去，光是決定石滬要蓋在哪裡就是一門學問，滬主會先花幾個月甚至半年以上的時間，在潮間帶有魚群洄游之處插滿竹竿，竿上會綁著一條繩子，繩子尾端繫著一塊布，待退潮時，透過觀察這塊布受海流牽引的方向，就可以研判當地的水文環境，進而確立滬房的地基位置，可以說是最至關重要的前置作業，也是影響日後漁獲多寡的主因。

上工了，在新滬的滬房殘跡中，坤師拿出定標尺，在一團勉強還看得出是滬門構造的亂石中固定住，並且拉著尺沿滬房內側畫弧線，左右邊各重複進行了數次，有如建築工程中的放樣測設，費了一番心力才抓出原始愛心滬房的大小，這也是我們最初的作業範圍。

一開始，師傅們分散在滬房中，各自默默做著分內事，我們卻呆愣在一旁，不知可以從何下手，像是搵豆油（ùn tāu-iû）的局外人般，只能泡在海中晒太陽乾瞪眼，為何不開口直接問師傅們在做什麼，或試著詢問我們可以做什麼呢？其實有問，只是不敢多問，因為師傅們做工時的專注程度真的令人無法打擾，我們只好自顧自觀察著師傅們的動作與行為，然後再依樣畫葫蘆，學習從模仿開始，畢竟前人也是無中生有蓋出石滬，我們透過師傅們不斷地糾正與教導，試圖從中分析理出邏輯，慢慢地，歸納出一套石滬修復的工序，也發現了每一位師傅都有各自擅長與習慣的工法。

掘與撬，從清整地基開始

長期廢置的石滬，滬體會漸漸分崩離析，石塊也會散落四周，若沒有人

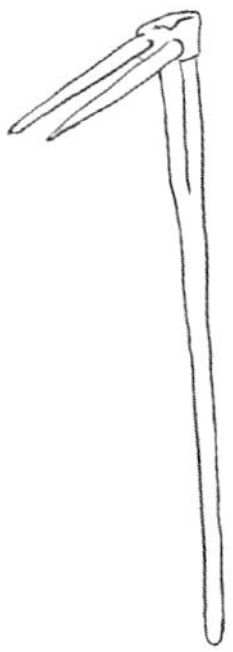

兩齒釘耙（nn̄g-khí）

拔釘器（バール）（音譯：bá-luh）

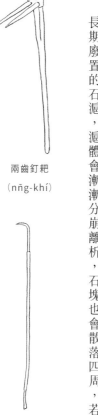

修復從挖掘就近的石料開始，將兩齒釘耙插入埋在沙裡的石塊，使力掘出舊有基底。

為的移動與介入，通常滬體舊有的石料還是會留在原地，日復一日，最終沉積的淤沙會將其掩埋。所以，修石滬的第一步就是清整地基，利用二齒釘耙的抓力，將深埋已久的石塊掘出，類似農耕中的翻地鬆土，並把取出的石塊集中在一旁，方便下一步驟的使用，也維持施工現場腳路的順暢。

為了抵風抗浪，石滬的基石一定要穩如泰山，所以下盤的石塊都起碼有上百斤，並非人力可輕易搬動，要把零亂的石塊排列到正確的地基上，就需借助拔釘器使出槓桿原理，令巨石底部鬆動，再將其挪移到合適的角度歸位。

「掘」和「撬」都是要跟大石頭作對，需要年輕力壯的師傅擔此重任，而這個角色非陽哥莫屬。陽哥，人稱牛角陽，粗獷的他有如一頭海中蠻牛，任何紋絲不動的黑石到了他手裡，都會被硬生生拔起，所以只要其他師傅遇到處理不起來的頑石，就會喚來陽哥幫忙，每當陽哥一發力，翻起常人眼中看來根本無法承受的巨石，我都會捏一把冷汗，重點是他還習慣徒手操作！但別看陽哥是個錚錚鐵漢，其實他是工班裡最多話最愛聊天的師傅，從政治歷史聊到生活藝術，信手拈來幾乎沒有陽哥不曾涉獵的領域，做工的時候拼盡全力，閒聊的時候無話不談，這就是陽哥，一位大海中的舉重好手。

一般來說，常見的修復都是選擇還堪用的石滬，僅有小面積需要修補，但潭邊新滬屬於病入膏肓的等級，幾乎是要從頭來過，只能循著前人建滬的軌跡，從滬房的地基做起，石滬跟人一樣，在不同的環境條件下，會長出自己的高矮胖瘦，坤師說，石滬並不是越高越好，太高反而會讓魚不敢靠近，要高度剛好，才會讓魚不知不覺就掉入陷阱。

為了集中魚群，滬房是整口石滬中水最深的地方，垂直高度取決於當地潮差與水位，近岸的滬房差不多一公尺左右，外海的滬房則隨便都超過兩公尺，甚至人站在裡頭都看不到外面的海；滬體的寬度則要看受海流的影響程度，近岸的滬房較不被風浪威脅，寬一公尺多就足以應付，外海的滬房為了

重達百餘斤的基底石，必須借助拔釘器來撬動。

消波會做得比較闊，讓面外的滬體形成一道畫弧的緩升坡，可以順勢化解掉強浪衝擊在石滬上的水壓。

新滬緊鄰岸邊，潮差不到三公尺，沿著本來的石滬殘跡，大概可以得知新滬的滬房高度約九十公分、寬度約一百二十公分，有了「掘」和「撬」收集來的石料，還有估算出的規格資訊，離還原新滬又更進一步。

轉與疊砌，化零為整的精妙手路

有稜有角的玄武岩，雖然每顆大小不一、形狀相異，但大多可視為一個長方體。澎湖石滬疊砌工法的精髓就在於，地基與內外的牆體每一顆石塊都要以橫躺的臥姿排列，彼此鑲嵌，利用石塊本身的重量與摩擦力，即不須施以任何人為添加物就可固定成形。

1 | 2　1　確認好角度再翻轉，就可以盡量不費力。
2　嵌入的石塊磨合著彼此之間的稜稜角角，成就最穩固的滬體。

當師傅們要將手邊的石塊擺放到位時，中小型的石塊可以輕鬆來回翻轉調整，而面對體型較大的石塊，為求省力，也避免直接喬動可能壓到或傷及手部，師傅會看準石塊之間的對應位置和整體結構的消波效果，並以石塊底部的一個角為支點，透過不斷轉動來找到最合適的角度。

烈陽罩頂加上海水鹽漬，在令人難受的工作環境下，潮汐變化時間也分秒必爭，石滬的疊砌是十分講求效率的工程，每一步驟都要迅速準確，坤師也常講，「石頭上手就要用了，不用挑，反正大的小的都有用處，都有它適材適所的角度。」當坤師專注在疊砌時，並不會另外費心篩選石頭，一定都是就近取用，再奇形怪狀到了坤師手上都成了非它不可的唯一——乍看之下參差不齊的基底，將石頭轉上幾轉再嵌入，竟馬上與滬體的空缺互相吻合，讓散落的拼圖一步步越趨完整，坤師總能用最小的力氣、最少的轉數就將石頭收納進滬體裡，根本就是大海專屬的整理師。

頭幾次的收工，當師傅們逐個上岸，坤師還會留在原地一小段時間，有時用老一輩插竿的方式，有時單純感受滬門的水壓，隨時觀察著當地海水的流勢，我好奇地問，「坤師，您為什麼還要一直觀察水流方向？我們照本來的殘跡不就好了嗎？」

「流可能有變啊，初期還來得及調整位置，如果流對了，說不定還抓得到魚。」坤師說得信誓旦旦。

聽到坤師的回答，有一股莫名感動，或許站在師傅們的角度來說，其實只要單純完成外觀的修復就好了，但正因為對於石滬有所記憶與情感，即使可能性微乎其微，坤師還是用心對待和期盼這次的修復能找回真正的新滬。

出乎意料的修復進度，才沒幾天滬房就現形了。

開工後第三天，滬房的基底逐漸成形了，是一顆很明顯的大愛心。

若上工時間在午後，師傅們會習慣早點抵達，在岸邊的涼亭小憩，吹著海風發呆儲備體力，而我們則會把握這段短暫時間和大家多聊聊，尤其在剛開工的前幾天，和師傅們之間還有著一道跨不過去的隔閡，直到陽哥隨口問了一句才破冰。

「你們為什麼要修石滬？」陽哥正中紅心。

這個問題我們一直不斷在消化反芻，但還是沒有最好的答案，只有一個目前最靠近理想的路徑，「因為我想認識石滬，也想讓更多人認識石滬，所以我們想親身體驗、記錄這些工法，然後把它變得更有趣。」

師傅們一聽全都笑了，可能覺得我們這群年輕人怪有意思的，從此天南地北地聊了起來，後來才知道，原來當時師傅們都以為我們是為了寫論文的研究生，或是協助公部門執行計畫的記錄人員，但這樣的角色通常只會在過程中曇花一現，拍拍照就走了，很難得會跟他們一起在大熱天蹽落去泡鹹水搬石頭。

　　本來只想著完整參與石滬的修復，卻意外收穫師傅們的信任，修滬過程中能夠深刻感受到與師傅們之間的關係變化——從第一天只能眼巴巴看著師傅忙進忙出，拿著定標尺繞了好幾圈滬房、決定要照哪條痕跡開始喬石頭重塑基礎、彼此討論分配工作，我們卻無所適從。到後來，慢慢地與師傅建立出默契，邊學邊問邊記錄，每天都用著驚人的速度，超越原先設定的修復進度，而本來的石料居然也悄悄地不夠用了……。

愣在一旁也看不出個所以然，倒不如直接上場實作。

運石料，要有薛西弗斯的決心和力氣

「啊，石頭不夠了！」在修復的第四天，收工前坤師提醒。

「不夠了要怎麼辦？」我們天真無邪地問。

「不夠了要搬呀，過幾天大家要早一點來游泳了。」坤師話語中似乎藏著一絲暗笑。

「游泳？」看來這又是一個新的試煉。

雖然沒有人細算過，但隨便蓋一口石滬至少都要上萬顆石頭，所以漁場附近的石料是否充足也往往會納入建滬的先決條件中，石頭看似無處不在，但真的卯起來蓋石滬的時候才會發現所剩無幾，石頭不會一直剛好出現在要蓋石滬的位置旁，無論是建造或修復，一遇到石料不夠的狀況，就必須從岸邊搬運石頭到海裡，然而，來回多次運送百斤重的石塊絕非易事，澎湖先民自然也有自己聰明的辦法。

澎湖是一座火山島，蓋石滬所用的玄武岩就是由岩漿凝固而成，雖然沿

踢箍用的泡棉小船，限載單人。

岸幾乎遍地都是石頭，但即使是近岸的石滬，最遠的那一頭少說也有幾百公尺，想要長距離運輸成堆的重物，就需借助浮力和載具。

運石要在退潮不到一半的時候進行，這時半滿的海水能提供浮力，將石塊的重量減輕，再配合載具就可方便移動，在早期機械船隻還未出現前，會利用舢舨、木板甚至是棺材板等可以大面積漂浮在海面的承重載具，現代則是使用高密度的發泡棉，臺語俗稱「môo-lí-lóng」所製成的泡棉船。

在澎湖，泡棉船的用途很廣，可以「踢箍」（that-khoo）[1] 或採集漁產，通常單人作業的船身體積也較小，但拿來運石的泡棉船不同，它會被設計成有如一

1 —— 澎湖特有的釣魚法之一，使用泡棉製成的船形游泳圈，在沿岸以蛙鞋踢水尋覓地點釣魚。

1 | 2 | 3

1 運石料的泡棉船面積大、承載量高，適合在沿岸搜集備料。
2 泡棉船以拖行前進，若遇水深就直接下海踢水。
3 在預定修復地點卸貨，然後重複以上流程直至石料充足或潮水退底。

艘小快艇，是一個適合堆放大量石頭的海上平台。

運石的過程，眾人會先合力將所需石料搬上船，再一至兩人於海中推船，踢水前進至定點，將泡棉船翻覆卸置石料，周而復始直到海水退底無法運石，便可接續修滬，毫無冷場。

退潮後若要持續搜刮周遭的石料，就需要靠粗繩和扁擔，這是最原始的人力運石，先將兩條繩子相互交叉，分別綁出四個平結，中間留下一個鏤空的方形，再視需求自由調整大小，使用時由下方卡住目標石塊，繩子的兩端也可搭配一至兩個扁擔，以扛在肩上的方式由多人分擔重量，繩結適合大型石塊的短程搬運，或是將巨石搬離水面拋至石滬上也會用到。

繩結

在石滬工班裡有大小工之分，大工本身具有專業技術，是不可取代的師傅，如坤師、楊哥、發哥，而小工只需埋頭苦幹，聽大工指揮就好，未經訓

粗繩配扁擔可以短程移動單人無法負荷的巨石。

練的一般人也可以勝任，類似於助理或工讀生，也就是我們於此次修復中所充當的角色。

為求效率最大化，修石滬尤其需要小工，試想，當大工在疊砌石滬時，蓋一蓋卻石料短缺，一會要苦惱石料來源，一會又要分身乏術去搬運石塊，既浪費體力也毫無做事邏輯，所以專業分工十分重要，讓大工可以專注在疊砌上，而小工就負責張羅石料。

施仔是工班裡的小工，不像其他師傅沉著老練，反而透著一股年輕活力，平時他只管把石料堆放在師傅們身旁，或是協助出力挪移較大的石塊，無須插手技術層面的事，專責處理「運」和「繩結」，是真正名副其實的苦力工。

資歷較淺的他跟我們一樣，對於新滬裡發生的一切變化都感到新奇，有時他會跟在師傅們的後面發問，有時也會嘗試發表自己的見解，雖然是半個生手，但該幹什麼就幹什麼，做起事來也不馬虎，相比稚嫩的我們，施仔已經可以說是剛入行新人的標竿了。

填櫃，進一步扎實滬體

石滬內外圍的牆體穩固後，中間空下的部分稱之為「內櫃」，以中小型較細碎的石塊來填充內裡的工序即為「填櫃」。填櫃的方式與石料會視石滬所在的環境而定，若近岸或水流較弱，使用玄武岩、沉積岩、老古石皆可，也無特定擺法，小石能相互契合就好，但要是位處外海或水流強勁，便會對手法有所要求，首選一定是玄武岩，每一顆

1 | 2

1　內外兩側的基礎石隔出石滬的寬度之後，中空的部位就是內櫃。

2　判斷石勢，將石頭安插進內櫃裡。

都要以直立式的站姿插入內櫃，但也不能塞太滿，讓彼此鑲嵌固定不搖動即可，刻意留有孔縫讓石滬保持透水性，除了讓小魚蝦蟹可以在此聚居覓食，更可以卸去部分水壓，讓石滬不會被強而有力的浪潮推倒。

敲與修面，完工前的最後一哩路

當石滬趨於完整，對於石塊的挑選也開始要斤斤計較，雖然疊砌時會盡量「轉」到能相互契合的角度，但因為石滬所預留的空間會越來越少，所需石塊的大小和形狀也會越來越受限，同樣為了節省翻找石料的時間與麻煩，師傅會手持現有的中小型石塊替代錘子，來敲打石滬中較為凸出、尺寸不合的石塊，使其能夠緊實密合，稱之為「敲」。

石滬上方的表層是供滬主巡滬時平穩行走的腳路，力求高度一致和路面平坦，師傅會抓出水平，透過重新排列石塊的組合，輔以碎石把表面給鋪平，但已先就定位的石塊彼此會相互影響，時常會有牽一髮動全局的狀況，在「修面」的過程就需要一面檢視一面調整，且因為是完工前的最後一道工序，所以能從中看出每位師傅的自我要求與講究專業的程度。

發哥就是那位專門善後的師傅，發哥是坤師的弟弟，從小也一起在自家的石滬裡打滾長大，平時話不多的發哥，一言不發看似兇悍，但每當我們遇上疊砌的疑難雜症詢問他時，發哥就好像有某個開關被觸動般，會突然滔滔不絕地說起「石滬經」，不厭其煩教導所有工法中的細微末節，而且還是強迫授課，即使我們點頭如搗蒜，發哥還是會一再示範分解動作，直到我們完全融會貫通，內心對石滬充滿想法的發哥最適合修面了，強迫症如他，操刀過的石滬表面全都平整而勻稱。

完全依賴人力，沒有使用任何加固材料，僅有石頭，要疊砌成在海中不動如山，又捕得到魚的石滬，確實是件考驗技術與討海本領的難事，或許工法技術能從文字畫面的傳遞略知一二，但討海卻是來自於長時間與大海互動所習得內化的功夫，懂得判斷水的流向、魚的習性、潮汐變化……，海的世界擁有各種未知，是需要透過生命經歷的累積才得以解鎖。

1 以石擊石，將凸起處敲至緊實密合。

2、3 最後將表面修飾平整，就可以走上石滬驗收了。

修復人與海洋之間的關係

修復新滬的過程中，我總稱呼工班裡的人為「師傅」，直到有一次，坤師才靦腆地跟我說，「唉唷，妳不要叫我們師傅啦，我們只是做工的。」頓時心裡感到酸酸的。

做滬的職人，石滬建築文化的傳承者

「石滬師傅」在過去不是一項職業，而是自然而然的生活技能，可能會有人認為這並不是「專業」，但對我們來說其實更重要的是這份「願意」。連續三、四個小時，曝晒於大太陽底下，在窒礙難行的潮間帶石頭路上，扛動百斤

紅羅村石滬工班，發哥（左上）、陽哥（右上）、喜哥（左下，中間）、施仔（左下，右前方）、坤師（右下）。

重的石頭，每天小傷不斷，被蚵殼劃到、被石頭壓到手指瘀血是家常便飯，這些年過半百的老師傅，他們究竟為什麼願意投入？只是因為錢嗎？我想這不是唯一的原因，比起修石滬，他們本身正職所接的工程絕對都更輕鬆且穩定許多，越接近修復的尾聲我越如此確信。

石滬師傅不只是做工的人，而是真正文化傳承上的先驅，在做滬時，他們隨口說起海的故事，總聽得我們一愣一愣，或是翻開石堆偶爾發現底下藏有鐘螺和生蚶，就會像挖到寶似地跟我們介紹，也常在收工後，還留在潮間帶上抓蝦蛄準備明早要作餌料釣魚，但更多的是，被無敵夕陽海景給挽留而捨不得離去，還會請我們幫忙拍下這一瞬間。這就是我所敬重的師傅們，可愛得要命，謙虛得不可思議，具備討海人不拘小節的爽朗性格，卻同時保有職人

看著本來的亂石被重砌回石滬，沒有什麼比這更有成就感了。

獨到的執著精神。

「哇！這口石滬的滬房有媠（suí）！」今天收工時師傅們繞著滬房打量了一番，對大夥的傑作十分滿意。滬房做起來了。

隨著修復順利進行，工班之間的互動也漸入佳境，從一開始單純的工程發包，到我們不斷問東問西打破沙鍋問到底，師傅們會主動教學講解原理，陪伴我們一起在石滬中探索成長，恰似回到澎湖石滬承先啟後的年代，還有好多說不完的變化……，從老一輩討海人的淡忘遺棄，到這一代人願意拾起過去島民集體的海洋記憶，每一口石滬所流傳的百年故事，其實都能夠說上好幾輩子。

「很多事不急於一時，像潮水一樣，有漲有退，終會形塑出理想的模樣。」我想，離返鄉的初衷更近一步了吧。

就像是陽哥那個我們原先答不好的問題，「你們為什麼要修石滬？」

現在，我們終於有所體悟，石滬不只修復了我們與澎湖長期失去的連結，在海裡，在島上，石滬也讓我們充滿力量，足以帶著這份信念，跟隨師傅們的腳步徑直前行，重新找回屬於自己的根。

記得某一天收工的傍晚，師傅們陸陸續續上岸，我留在石滬裡想拍些空景，卻隱約聽見身後傳來短暫而急促的沙沙小雨聲，一時之間還以為自己聽錯了，回頭望去海面定眼一看，發現竟然有群小魚在石滬外頭優游打轉著，看著小魚群每次躍出水面的身影，人都傻了，那樣的生命力深深觸動著內心，好勇敢，好美。

如果可以，真想就這樣傻一輩子。

與潮汐相伴的日子，有時很克難地在正午上工，有時則是夕陽西下還捨不得上岸。

修復了有形的石滬，也修復了與海洋無形的羈絆

一個半月過去了，中間歷經密集的修復期，也有碰上不適合動工的小潮而休假，新滬終於到了不得不完工的時刻，因為此時累積的支出早已超出原先預估的修復經費，這使得我們必須思考如何創造收益來填補花費的缺口。

當時我們發現澎湖幾乎沒有以石滬為主題的深度旅遊，可能是因為石滬旅遊的門檻高，無論是私有財的色彩或是潮間帶的危險性，都令外人難以親近，遊客只能從一成不變的網美照認識石滬，即使七美雙心石滬是人盡皆知的觀光景點，但依然與大眾的距離遙遠。

於是，我們成立了「離島出走isle.travel」品牌，以潭邊新滬為基地，開創了一連串的石滬主題旅遊、石滬工法體驗，也針對澎湖在地的孩童設計親海的教育課程，慢慢地，透過社群媒體的推廣，我們的行動受到了一些關注，同時間，也看見師傅們態度上的轉變，一開始他們感到訝異與不解這個時代怎麼會有人想修石滬？但隨著活動推出，他們看見特地飛來澎湖參與的體驗者，還有跟著一起下水在烈陽中學習工法的中小學生，大家的好奇與回饋，

讓師傅們對擁有石滬工藝而感到驕傲，也願意向更多人分享這項技法，成為了傳承石滬工法最重要的橋樑。

1/2

1　夏天還未結束，滬房與左伸腳已修復完成

2　修復好的新滬，成了連結人與大海之間的最佳場域。

記憶猶新，在一次戶外課程中，我們親眼見證到新滬修好的成果，那天我們正帶著澎湖家扶中心的孩子們進行修復體驗，正帶領著大家一步步走進滬房時，已經在裡頭的坤師忽然揮手示意要我過去，我有點疑惑地靠近滬門。

「妳看！」只見坤師藏不住笑。

我的視線自然移向滬房角落的一處黑影，靠近一看結果大吃一驚。

「是鱟耶！有一對鱟耶！」我無法置信地放聲嚷嚷。

我從來沒看過鱟，更別說還是出現在自己修好的石滬裡，同時間，孩子們與其他夥伴也陸續抵達，大家都為眼前的畫面感到驚喜，各種好奇與驚呼聲此起彼落，但可能都比不上我當時內心的悸動，看著鱟，再望著一旁默默微笑的師傅們，想起這些分不清海水與汗水的日子，新滬給了我們一個最棒的回應，石滬或許不再符合耆老的記憶，但卻依然是人與海之間互動的最佳見證，衷心感謝那天的自然課。

在修復的過程中，最大的收穫不再只是將石滬修好而已，而是在裡頭看見了石滬師傅的投入、石砌工法的傳承、大眾對於石滬的好奇，還有鱟與其牠生物的出現，甚至還引起村民的觀望，連另一口石滬的滬主都表示自己也

這對成鱟的到訪，彷彿是來自石滬與大海的肯定。

想開始修自家的石滬了，這些漣漪與擾動，都是因修石滬而起，一個澎湖人古早遺留下來的生活方式，牽連影響返鄉的我與地方的人們，真正透過石滬修復彼此與海洋、澎湖之間的關係。

二〇一七年夏末，潭邊新滬的修復就此告一段落，截至目前為止，我們用著為數不多的經費修復起新滬的滬房與左伸腳，也從中記錄工法並轉譯為體驗，走到這裡是時候該思考下一步了。

「坤師，這邊結束之後你們要做什麼呀？」我有點依依不捨地問。

「回去做木呀！而且這些年都在修別村的石滬，也想找時間修修自己社區的石滬。」坤師想也沒想地回。

坤師的回應提醒了我，現在的我該靜下心思考，

石滬在大海與我們身上都留下了最深刻的印記。

是否要延續我們這段時間在石滬議題的行動與嘗試，如果要繼續下去，又該怎麼做？還有未來要如何與師傅們保持連結？

也不知為何，當下心裡頭有個聲音，我想去認識師傅們的日常生活，我想跟著師傅們一起回到他們的家鄉「紅羅村」，我想協助修復紅羅的石滬，完成坤師的心願。

二〇一七年初秋，我就這樣跟著坤師混進了紅羅村，在接下來的日子裡落地生根，也為石滬，還有我的返鄉之旅譜寫出全新的篇章。

「紅林罩」是坤師與師傅們的家鄉，位於澎湖本島湖西鄉。來到這個離家騎摩托車只需要二十分鐘的地方，卻好像進入一個世外桃源，村子北邊有一片廣闊的潮間帶，退潮時會有村民在那採集，因應物種與季節改變不同的漁法，孩子們也會在海堤旁騎腳踏車玩耍，因地理位置的偏僻，村落裡保存了許多傳統生活的樣貌與景色，是個充滿生活感的所在，這些都讓我對這個地方、這裡的人與他們的故事深深著迷。

III

紅林罩的潮汐，
與他和她的海海人生

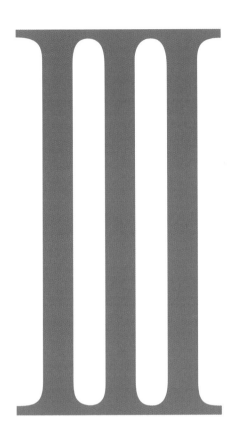

石滬匠師的故鄉

紅林罩

這裡住著一群
里海生活的實踐家

在修石滬的過程裡，總好奇這群師傅平日的生活是什麼樣子？是怎麼樣的生活環境與習慣，讓他們全身散發出漁村男兒的氣概，石滬的話題也自然地融入在彼此對話裡，面對各種與海有關的問題似乎都無所不知，那就像是他們生活的一切，這樣的好奇有一部分是帶著羨慕，羨慕他們是如此接地氣，反觀自己卻好像與這座島本來的樣貌有所隔閡。

紅羅村前的宮口溝，過去是運送老古石的航道，淤積後成為平坦的潮間帶，漲潮時居民會到此處放網捕魚。

在隨著潮汐漲退工作的日子裡，有天我和坤師協力一起搬運石頭，游到快接近石滬時，坤師笑著問我，「明天是不是能休息一天呀？」心裡想說剛好，也連續修復好幾天，是該休息了，並忍不住好奇地問，「師傅，你休息的時候都在做什麼啊？」

「我要回紅林罩釣魚啊！」坤師開心地答，感覺迫不及待。

我當時心想這不是一個很好的機會嗎？說不定可以跟著師傅回去釣魚，也能從師傅的生活裡感受學習，師傅豪爽地答應了。

住海邊的坤師，平時的消遣之一就是去炤蟳(tshiō-tsîm)。

入紅林罩如入桃花源

師傅們的家鄉位於澎湖本島湖西鄉的「紅羅」村，古名「紅林罩」，源於海灣沿岸密布的紅樹林，臺語唸作「âng-nâ-tà」，音近日語「あなた」（音譯：a-ná-tah），是個可愛卻有點偏僻的村落，自己身為一位海生海長的澎湖人，卻未曾進入過自家所在地以外的村落，即便是同一座小島，跨越不同的鄉市也都有獨自的生活圈。

來到這個離家騎摩托車只需要二十分鐘的地方，卻好像進入一個世外桃源，聚落裡只有小路，沒有顯眼的標示路牌，像一座大型迷宮，初期總是在同一地方繞來繞去，才剛跟師傅說再見，過沒幾分鐘又不自覺繞回他家門口，找得到入口，卻找不到出口，後來還是坤師的太太圓緣騎車帶著我走幾次，才開始對這些村裡的小路有方向感。

村子北邊有一片廣闊的潮間帶，退潮時會有村民在那採集，因應物種與季節改變不同的漁法，小孩會在海堤旁騎腳踏車玩耍；有節慶時，廟前總是很熱鬧，搭帳篷辦桌、唱卡拉ＯＫ跟神明一起同樂、過新年時會辦初二娘家宴。紅羅是個充滿生活感的所在，因地理位置的偏僻，村落裡保存了許多傳統生活的樣貌與景色，這些都讓我對這個地方深深著迷。

我開始就像著魔似地天天都往紅羅跑，即使是在風大的日子，還是會頂著強風騎著摩托車來到紅羅，當初的自己沒抱持著什麼想法與目標，只是純粹想在這裡生活，想在這個濱海漁村學習重新當一位在地人。

那陣子因為常常和坤師出海釣魚的關係，結識了幫師傅開船的船長雄哥，在船上我們會趁著坤師釣魚時偷偷聊他以前的豐功偉業，也會在不同的島礁間下水游泳，或是準備西瓜、花生在船上當點心，常常一個禮拜就連續出海四、五天，是這輩子最浪漫的一個夏天。

熱情的雄哥都會在釣魚回程的路上，邀請我們到他們家裡喝茶唱歌，雄哥家是一棟林氏公寓，每一層樓都住著林家人，每個人都親切地不可思議，因為雄哥的關係又認識了其他村民，忠雄村長、麗華阿姨、阿滿姨、孟君姊、七哥、喜哥、暖暖姐……，還有好多好多人，現在回想起才發現那裡根本是進入紅羅必

1 | 2

1　在村子裡，家家戶戶的門口常見石拒或各式各樣的乾物在晒日光浴。

2　每逢大年初二，廟前會擺起娘家宴。

須拜碼頭的重點之一。

我在村裡的稱號叫做「莎莎」，因為自己的名字馥慈比較難記怕村民們會忘記，剛好自己又喜歡鯊魚，於是就在自我介紹時說，「也可以叫我ㄕㄚㄕㄚ喔！」所以我在社區的各個群組中，大家就開始稱呼我為莎莎了。

亂入八音團到村民相挺的社區總幹事

有一次我在下課後的晚上進入社區，卻發現大家都聚集在活動中心裡，靠近一看才知道是在練八音，拉著、吹著、敲著我看不太懂的樂譜，居民們使用各自擅長的樂器，像是笛子、二胡、三弦、月琴、鑼，第一次看見時，真的是大吃一驚，「天呀！這是我平時認識的村民嗎？」怎麼能夠忙碌了一整天後，還能準時報到練

1 | 2

1　即使出海釣魚常揁龜，坤師依然樂此不疲。
2　但其實沿岸的石滬跟抱鱖仔厝才是坤師的主場。（攝影 © 楊峻翔）

紅羅村八音團，每週一固定團練，歡迎各大宮廟邀約演奏。

習，真的是能文能武的最佳代表啊！

中場休息的時候大家邀請了我一起參與，並挑了一個最為簡單的樂器「小鉾鑼」讓我練習，從小身為音痴的我，連對最基本的音符都很有障礙，這次又當了大家的跟屁蟲，亂入漢樂八音的練習課程，從中國五聲音階宮商角徵羽開始認識。

上網查了一些有關澎湖八音的資料，八音是傳統樂器組成的民間樂團，以前在澎湖的婚喪喜慶與廟會祭典中十分活躍，八音老師曾根旺也說過，「澎湖有縣樹、縣花、縣魚，如果能夠以八音作為縣樂，從人文歷史源流來看，最適切不過了。」

從那次之後，我開始準時每週報到，在夜晚裡和大家坐在一起練八音，鄰近的友廟或社區有熱鬧時就一起去演奏祝賀，當音樂響起，莎莎正式再也與紅羅分不開，在這裡認識的村民還有發生的村落事都在每一個篇章留下重要的位置。

說來奇怪，或許是自己開始更接地氣一些，也或許真的跟這個村子有緣，一進入社區就跟好多阿公阿嬤、阿姨阿伯結交成為朋友，跟著大家一起練樂器，一起學習了各種有趣的討海漁法跟技藝。修完石滬，雄哥與滿姨會打來叫我回家喝魚湯；受傷的時候，麗華阿姨會用祕傳的藥膏幫我擦藥；無聊的時候，廟公會跟我在廟旁乘涼聊天；夏末的時候，最會種芭樂的七哥總會偷塞幾顆到我的車上，冬天則是自釀的葡萄酒；還有最疼我的得利阿公阿嬤，教我織漁網、煮風茹茶讓我解暑……。當收到這麼多心意後，我也想成為給予的那一方，跟著村子一起共好，甚至共老。

後來還有幸擔任紅羅社區發展協會的總幹事，想當時自己是位還沒畢業的大學生，進入村子也才約一年的時間，所以受到村民的推薦時十分震驚，甚至猶豫了好多天，一方面是擔憂害怕自己陷入無法預測的地方勢力中，會干擾原本的初心，另一方面是自認無法勝任，並且無法承受公共事務需要面對的眼光與壓力，因此在第一次回覆村民的時候我是拒絕的，直到聽見麗華阿姨在電話那頭喊了一聲「拜託，來幫忙啦！」瞬間深感羞愧，當初是自己想進來社區學習，而受到許多的幫助，現在當大家需要我時，我怎麼就退縮了呢？

就這樣，麗華阿姨的一句話打動了當時的我，而我也決定和大家一起踏入這份未知的工作旅程，現在，四年過去了，當初擔心的事情如同大家口中所說的，其實都沒有發生！反倒是從未預期的驚喜挑戰不斷，在這過程中得到的遠比付出還多，從一位外來人走進村落，到成為大家口中的社區總幹事，學會了寬容，也學會了放下。

當我決定留在這裡嘗試發展時，我把心中的恐懼告訴坤師，他回我，「只要有我們在的一天，妳在這裡就不會被欺負。」

謝謝紅羅給了我勇氣，「為什麼是紅羅呀？」總是會收到這樣的疑問，「因為這裡讓我相信，理想的生活

樣貌一點也不遙遠。」我也總是這樣回答。

無論是八音團員或社區總幹事，我都深感榮幸有這樣的機會，讓我從石滬走到了漁村，更貼近師傅們的故鄉紅林罩，在這裡，我想特別感謝當初引領我進村的坤師，起初只是為了觀察師傅們的生活，誰料卻愛上這裡的一切，尤其是人與人之間最單純的分享，在村子裡是幸福的，生活中有許多的苦痛，有些困難或許是努力也無法克服，但在這裡擁有如大海般的寬容，也有如潮汐般的生活步調，有起有落，也不會忘記自己是誰。

1 | 2

1　夕陽無限好的紅林罩。
2　在村民的引領下，放下對大海的恐懼，在雞善嶼附近盡情潛泳。

外港口石滬

柳鳳阿嬤

活到老，討海到老的百歲海女

紅羅村的外港口石滬，是我們修復的第二口石滬，修復的起因來自當時在潭邊村修新滬時坤師說的一句話，「這幾年都在修別村的石滬，也想回紅羅修自己村裡的石滬。」師傅們常年受人委託修石滬，反而沒什麼機會修自家的石滬，聽到坤師的這番話，我們心想這或許是一個好的契機，如果下一個石滬行動的出發點可以扣合在地的需求，便能真正地跟地方協力共好，因此我們決心跟著師傅們來修紅羅的石滬。

在清晨的潮間帶遇見在地老海女，柳鳳阿嬤。

修家鄉的滬

「外港口」是一口單滬房石滬，因位於紅羅村的天然港口外側而得其名，在地人也會稱此滬為「順己滬」，是以過去滬主的名字命名，外港口滬全長約五百公尺，右伸腳因開港挖航道遭截斷，這也是造成它沒落的主因之一，如今外港口滬損壞的程度與當初潭邊新滬不相上下，都只剩不成滬形的散石堆，但這次有師傅們的關係，多了在地人的牽線，相關的滬主都爽快答應修復計畫，溝通起來也順暢許多。

之後，我們歷經了同樣的修滬流程，場勘、拜滬、重建滬房、填築伸腳，唯一不同的是，這次我們的修滬工班更壯大了，在師傅們自己的地盤，自然有不少的生力軍投入，不只小工人手充足，也有更多村民對此事樂觀其成。

第二口石滬修復，已經可以很自然地混在師傅群中了。

1 外港口滬的全貌。
2 二〇一八年，修復前。
3 二〇一九年，修復後。

在修復前，就有村民分享外港口石滬周遭的生態很好，只要修起來肯定會有魚，果不其然在修復的過程中，陸續就有嬌客探訪，甚至和潭邊新滬一樣，首位在滬房中登場的生物都是一對成鱟，振奮之餘也格外感到親切。

修復完工後，我們開始期待冬天的成果驗收，很想親眼目睹是否如村民所説真的會有所收穫，為了記錄每日的漁獲變化，一連數天，我們在寒冬的清晨出發到外港口巡滬，石縫中進駐了多到數不清的石蟳，還有在一旁汲汲營營的小魚苗，滬房裡也有獅子魚、美人蝦定居，處處充滿生機，除了偶爾出現烏賊、軟絲、黑鯛，連季節性的鬼頭刀都來湊熱鬧。

1 | 2

1 修復後的外港口滬固定有烏賊現蹤。

2 就算是沒什麼經濟價值的大海鰱游進來，眾人還是興奮不已。

是誰偷巡滬？

就這樣每天都期待著石滬會給予什麼樣的驚喜，直到有一天，我們照常地走進外港口滬準備巡滬，卻聽見遠處傳來一陣莫名的叫喊，模糊的聲音加上當時天色未明，晨霧濛濛中只隱約在岸邊看見一個阿嬤的身影，不明所以的我們沒有多想，繼續著手邊的記錄，但叫喊卻沒停下，音量反而逐漸加大，語氣聽來似乎是在喝斥，我們頓時面面相覷，討論了一下就決定直接去向阿嬤了解狀況。

「阿媽，啊是發生啥物代誌？」（阿嬤！發生什麼事了？）

「恁頭拄仔佇石滬內底物代？」（妳們剛剛在石滬裡做什麼？）

「阮來巡滬記錄啊！」（我們來巡滬記錄呀！）

「這滬是有人的，內底的魚毋通烏白掠。」（這滬是有人的，不能隨便抓裡面的魚。）

「阮知影啦，阮舊年有來修理，這馬只是來翕相記錄爾爾，袂掠魚。」（我們知道啦，我們去年有來修，現在只是來拍照記錄而已，不會抓魚。）

「按呢喔，恁有來修理，按呢無要緊啦。」（這樣喔，妳們有來修，那就沒關係啦。）

本來緊皺眉頭的阿嬤開始軟化表現出善意，原來阿嬤誤以為我們是外地人跑來偷巡滬，誤會終於解開，但令我們好奇的是，當時修復前已經有拜會過滬主，而且修復工期也長達兩三個月，我們在這片潮間帶進進出出這麼多次，為什麼卻沒認識到這個阿嬤？

近百歲的守滬者阿嬤

後來經詢問村長才得知，原來這個阿嬤叫柳鳳阿嬤，已經九十三歲了，每天依然會開著電動代步車準時在港口邊報到，並獨自下潮間帶撿螺仔、插殼仔、抓沙蟹，是位健朗的海女，前一陣子是因為腳不舒服，所以很長時間沒來海邊了。

1 | 2

1 挖殼仔肉也是柳鳳阿嬤的日常勞動。
2 一手持拐杖，一手拿魚叉的柳鳳阿嬤在潮間帶上來去自如。

柳鳳阿嬤還說，當她復出後再走到外港口滬時，她一度以為自己走錯路了，因為這一帶的地形地貌她早已刻在腦海中，外港口石滬曾是柳鳳阿嬤與家人擁有無數童年回憶的場域，但她從沒想過這個已經傾倒四、五十年以上的石滬，居然有一天會被修好，令她既吃驚又感動。

後來與柳鳳阿嬤聊了許久，還拍了個合照，離開前阿嬤正氣凜然地說，「以後妳若是無閒通來，洘流的時陣我攏會來，我攏會巡巡，袂予別人共伊破壞。」（妳若沒時間來，只要退潮了我幾乎都會來，我會幫妳巡一巡，不會讓人破壞它。）

這幾年下來，透過石滬的牽引，不斷在村與村、島與島之間移動，在修復期間之外，其實很難把自己所有的心力與時間都只放在單一口石滬身上，修復好之後有沒有所謂的使用權也沒關係，因為那只是額外的贈品，

對柳鳳阿嬤來說，下潮間帶就像每天的待辦事項，只要還走得動就會照常討海。

真正的禮物已經在過程中獲得夠多了。

謝謝柳鳳阿嬤，這段話所給予的鼓勵與力量，那陣子時常質疑自己，也常被人笑說傻，修復著看不見未來的石滬，最常聽到別人說，「修石滬做什麼？就算修好了也沒有魚。」每當有年輕人在做文化保存的行動時，「傻」與「熱血」就是必備的新聞標題，似乎不傻不熱血，這件事就做不了。

但重要的其實是練習相信，相信善的循環正在慢慢發生，「看得見的東西就不用相信，就是因為看不見，才更有機會去相信」，這是當時火紅的臺劇《我們與惡的距離》中我最喜歡的台詞，慢慢從一點一滴的善意裡找到持續前進的動力，也能在迷失的過程中找回純粹的自己。

現在回想起柳鳳阿嬤最初喝止的舉動，自己也算是體驗了一回古早人偷巡滬時所擦出的火花，沒想到

那些趁天還亮，追逐潮汐做滬的日子。

衰敗已久的石滬，竟還有老一輩的討海人如此看重，親身經歷石滬在島民心中的地位，才知道石滬文化在這座島上仍一息尚存，不禁感到欣慰。

之後，我寫下這段與柳鳳阿嬤的奇遇記，並將我們的合照發在臉書上，事隔沒幾天，就收到坤師的訊息說有人託他要拿東西給我，請我進村子一趟，結果竟是收到一張A4大小護貝好的照片，而這張照片正是我與柳鳳阿嬤的合照，原來是柳鳳阿嬤的兒子在臉書上看到我的貼文，然後拿給阿嬤看，阿嬤一看就叫他兒子無論如何都要把照片洗出來，而且一定要多洗一張送給我。

這絕對是一張彌足珍貴的合照，柳鳳阿嬤從憤慨到致謝，再到自告奮勇的守滬，還有送上這一份禮物，阿嬤雖不擅言詞，但卻在無形之中給予我們肯定，也讓我們重新明白修石滬最大的意義是什麼，外港口石滬的故事將持續發生，未完待續。

和柳鳳阿嬤的合照，成了一種身分認證的見面禮。

炤海的家私

漁具物件在澎湖各地的稱呼腔調與功能構造略有不同，此處以介紹紅羅村當地為主。

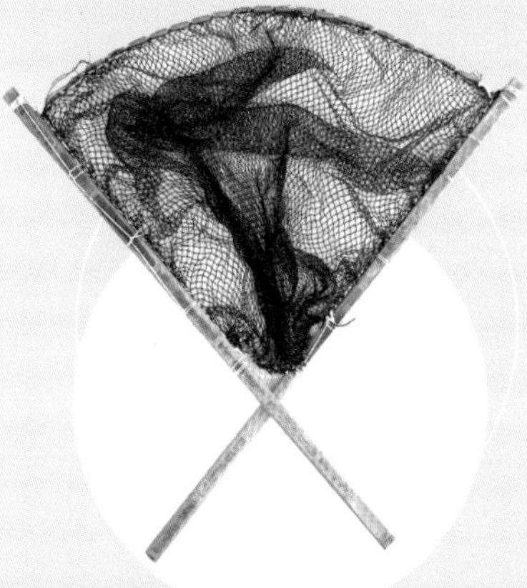

iap仔（iap-é）

又稱挹仔（ip-á），是炤海與巡滬所使用的網具，依網袋深淺有大小型之分，可單手操作。小型的網袋淺、承重小，適合撈捕小體型的漁獲，如沙蝦、邦午（花身雞魚）等，而網袋深的可以撈捕體型較大的漁獲，如黑鯛，烏賊等。

電塗火（tiān-thôo-hé）

夜晚時進入潮間帶採集漁產，澎湖在地稱之為「炤海」（tshiō-hái），現今從事炤海的漁民大多使用充電式的LED頭燈，但在電燈普及之前，電塗火曾被作為澎湖海上的照明工具，其原理是以電石（碳化鈣）與水作用後產生乙炔，點燃便可作為光源，因亮度更勝煤油燈，且不易熄滅，所以適合在戶外使用。

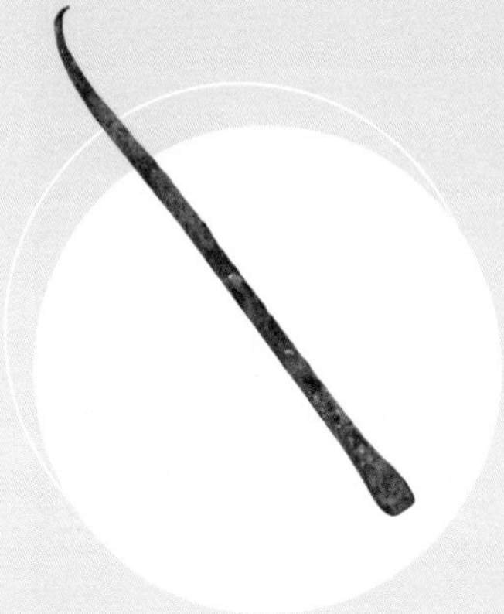

螺鉤仔（luê-kau-é）

撿拾螺貝所用的雙頭鐵器，尖鉤一端可以深入岩縫將潛藏在內的螺仔勾出，平頭的另一端則類似一字起子，可以將緊緊吸附在石壁上的螺貝類撬開，如石鱉、海鋼盔等。

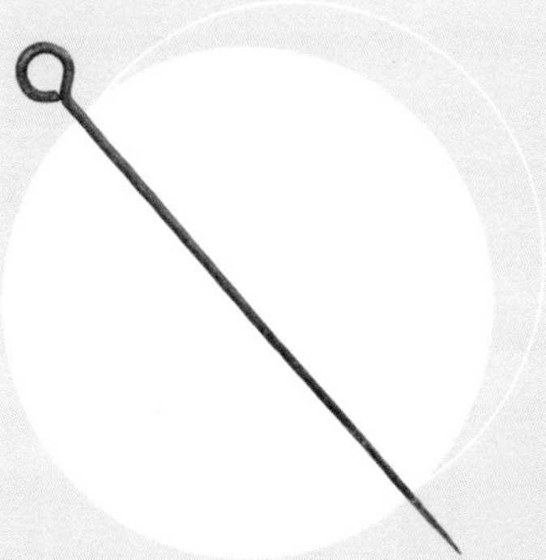

鱖仔針（ker-é-tsam）

用以插刺體型較小漁獲的單叉魚叉，如澎湖俗稱鱖仔魚的玳瑁石斑。

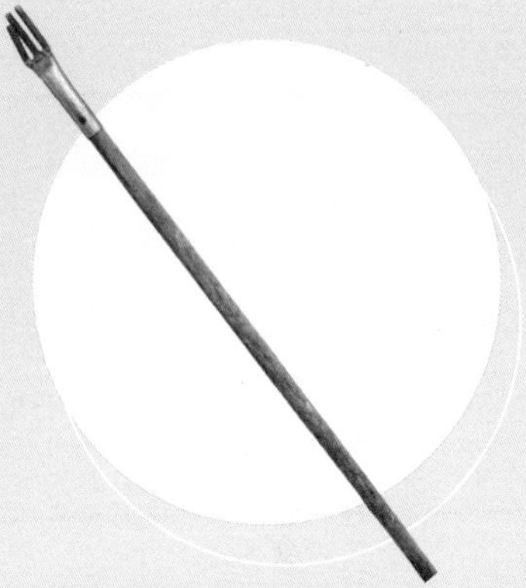

攕仔（tshiám-é）

用以插刺中等或較大體型漁獲的三叉魚叉，如臭肚、黑鯛、錢鰻、烏賊、軟絲等。

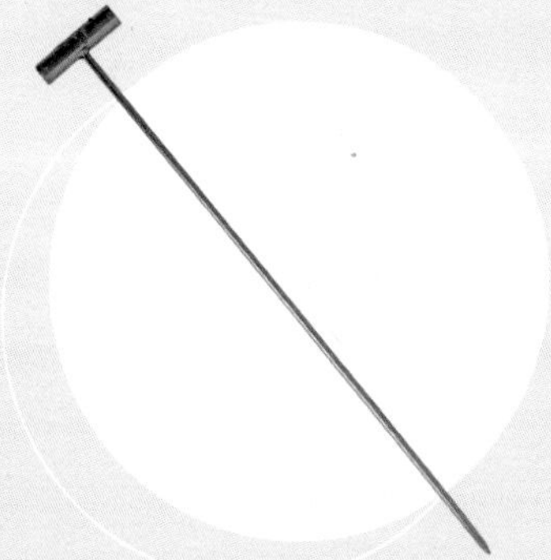

插殼攕仔（tshah-khak-tshiám-é）

插殼仔所使用的T形鐵叉。插殼仔的原理是以鐵叉戳刺沙地，受到驚嚇的貝類會緊閉外殼噴出水柱，漁民藉此辨別藏匿地點，也因操作者需要在潮間帶來回走動尋覓，所以握把被設計成類似拐杖，便於抓握與支撐。

得利阿公

人生傳記就是一本漁法百科全書

從古至今，人類抓魚的方式多不勝數，但說到捕魚這個詞，大家印象最深的應該還是撒網捕魚吧，除了現代船隻的大範圍捕撈，其實在淺水近岸也有傳統的撒網捕魚法，那就是「拋網」(pha-bāng)，是許多澎湖老漁民獨自討海的樂趣。

拋網，又稱八卦網，只需一人操作，先在淺坪上觀察魚群行進的動靜，再伺機將網拋出，因底部綁有鉛錘加重，拋出時的重力加速度能使網具畫圓展開，並迅速沉入水中圍困下方的魚群。

若說起紅羅村公認最經驗老到的捕魚高手，不可不提得利阿公。

秋天拋網捕魚去

在澎湖，農曆八月後適合拋網捕烏魚，那時的烏魚最為肥美，有「九月烏，較肥豬跤箍」的諺語，夏天則捕臭肚魚，偶爾也會有黑鯛，拋網的地點要選在平坦的淺坪，避免整張網在拋出時卡到珊瑚礁上，損壞了工具還破壞到生態。

不只拋網需要技巧，就連編織漁網本身也是一門功夫，八卦網的網目大小依漁民需求而定，捕大魚時網目會大一點，並配上較重的鉛錘，避免大魚將網目扯破跑出，反之，捕小魚網目則會小一點，鉛錘也會選擇適中的重量。

編織八卦網的工藝叫「刺網」(tshiah-bāng)，古早的網具都是手作的，不論是刺網的起底、網目大小的控制、每一排網目的數量、收尾、上鉛錘，都是極需耐心的手工，在過去，澎湖的漁村裡幾乎都會有專門刺網、補網的師傅，當然如果自己是位拋網愛好者又同時具備這項技能的話就更好了。

在紅羅村就有一位兼顧兩者的拋網高手洪得利阿公，和得利阿公的認識，是因為當初問了坤師，「紅羅還有沒有更老一輩會修石滬的耆老呢？」當時心想若認識到八、九十歲對石滬有記憶的長輩，肯定能記錄到更多相關的故事，結果坤師不假思索，便馬上說出了阿公的名字，「洪得利！找他就對

1 有請坤師示範拋網，先看準魚群動向，蓄勢待發。
2 將網拋出，畫圓落下
3 最後收網查看漁獲。

了。」聽到坤師如此自信的回覆，自己也開始期待與這位傳說級的人物見面。

記得第一次請坤師帶我到得利阿公家時，才發現原來阿公的家就在自己每天進入村子時都會經過的路旁，當時阿公剛好不在家，我們在外頭空地等候，不一會兒，阿公從草叢中牽著一頭黃牛走了出來，午後的陽光照在得利阿公的臉上，顯得格外溫暖親切。

但殊不知，一開始和得利阿公的交談並不順利，即使有坤師的引薦，阿公依然顯得沉默寡言，為了走入阿公的內心，我只要在有空的時候都會去探望阿公，和他老人家聊聊天。

後來才逐漸知道得利阿公冷漠的原因，原來以前阿公在潮間帶上不慎跌倒，影響到腳力就比較少去海裡了，大海曾是他的最愛，如今卻是觸景傷情的話題，為了讓阿公重溫舊夢，我將每天修復、記錄石滬的照片洗出來和阿公分享，這樣即便他無法到現場，還是能透過照片裡的畫面感受、回憶起過去，漸漸地，得利阿公開始願意分享以前在海裡發生的許多故事。

一輩子的討海人

得利阿公是十足的討海人，從小到大只要有潮汐就會去捕魚，拋網、巡石滬、立竿網（tsàh-bāng）1 都是他熟悉的漁法，有時候潮汐好，退潮時間長，就什麼漁具都會一起帶上，阿公習慣先到石滬裡看一下有沒有魚，如果沒有才會在附近拋網，有的時候牽手阿嬤也會跟在一旁抓章魚或抱鱖仔厝（phō-ker-é-tshù）2，夫妻倆都是討海好手，生活大部分時間都在海裡。

得利阿公說，通常拋一次網，如果運氣不錯，漁獲就能裝滿整個魚簍，但有時候也可能會揁龜，不論拋幾次一條魚也沒有，只好摸摸鼻子回家，拋網的技巧在於要知道魚在哪裡，看海水的波紋或濁度來判斷，同時還要放慢

1 ——又稱閘網、釘網仔，是在潮間帶上釘竹竿或鋼筋，排成一列或愛心等陣形，並架設固定好網具，透過潮差與水流來捕魚的漁法，原理與石滬相似，但方便遷移、具有機動性，可以適時調整漁場位置，堪稱活動式的石滬。

2 ——又稱抱墩，是指在潮間帶上疊砌石堆，底棲魚類會趁漲潮進駐其內，退潮後漁民便以網圍墩，最後拆墩收網捕魚。

腳步，注意自己映在水面上的影子，不然會打草驚蛇。最小件的八卦網至少都五公斤以上，有一定的負擔，雙手捧著在海中行走並不容易，拋出也要依靠手腕與腰的力量，有時候視情況可以拋得比魚更前面一點，這樣即便魚被嚇跑了還是有可能跑進網裡，相反地，逆風時就會拋得比較近。

得利阿公會在潮水剛退就從岸邊走到捕魚的地點，等退到珊瑚礁些微露出的時候就可以開始拋網，若是完全退乾就沒有魚了，所以一個潮汐能拋網的時間大約兩小時左右，開始漲潮之後就可以慢慢往岸上走。

刺網功夫的傳承

每次來找得利阿公，他都是坐在家前的庭院乘涼做事，處理農作物、修整漁具或是和朋友聊天，阿公的窗

架上掛了好幾條拋網的網具，有的才剛起頭，有的破掉了待補，阿公閒暇無事就會刺網，每天都花一點時間，大約二、三十天就能刺完一件，以前刺網是用棉線，現在改用尼龍繩更為堅韌，不僅不容易破也比較輕，每一件網具阿公都會好好保養修補，阿公說，「照顧好工具，工具就會在重要時刻幫助自己。」

刺網的技術是得利阿公年輕時和老一輩學的，剛開始學拋網時會跟別人買現成的網或請人幫忙補網，後來就乾脆自己來，因為網目可以隨自己喜好跟習慣調整，甚至連早期的鉛錘也都自己做，先用磚頭作模具，再將熔化的鉛灌入其中，等降溫成型後就可以使用了。

刺網要會算數，從頭開始一層一層刺下來，網目會不斷增多，阿公說，「我刺的網目通常會從三十九

1 | 2 | 3

1 坤師刺網的一手功夫也是承襲自得利阿公。
2 邊刺網要邊算網目，一層層編織下來。
3 坤師說，購買現成的八卦網總用起來不順手，還是自己刺的比較實在。

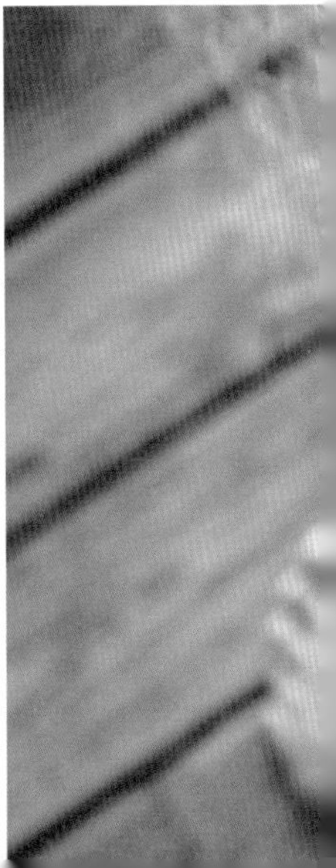

目開始算，然後下一層要從這三十九目生出七十九目，一路刺到四百九十九目，再加一目成五百目就可以收尾了。」聽起來是不是既複雜又難以理解呢？但這僅僅是得利阿公眾多技能的一點點皮毛而已，討海不只是要交海上的作業，在陸地上更要做足功課。

有一陣子跟著得利阿公學刺網，用腳指勾著線頭坐在地板上，一目一目笨拙地刺，午後涼風徐徐吹來，喝著阿公自種的風茹茶配花生，是現在時常回想起的記憶，當初阿公的溫暖就是我剛返鄉時重要的力量，他的和藹與善良，擁抱了當時不安的我，即便如今他辛勤的身影已無法在村裡看見。

得利阿公在紅羅是一個人緣很好的耆老，有在討海的人都會向他請教一些事情，阿公也不藏私，甚至連工具、地點也會和大家分享，因為長期的累積，懂潮汐熟魚性，阿公就像一本潮間帶的百科全書，他曾說過，「海的事情就是要傳承，必須把自己的經驗分享給後輩。」謝謝得利阿公，您如大海般寬闊，您的故事也會和潮水一起流傳下去。

1/2

1　得利阿公慣用的八卦網起底，都是以身邊隨手可得的物件作為輔助。

2　您對大海的愛將會持續編織、傳承下去。

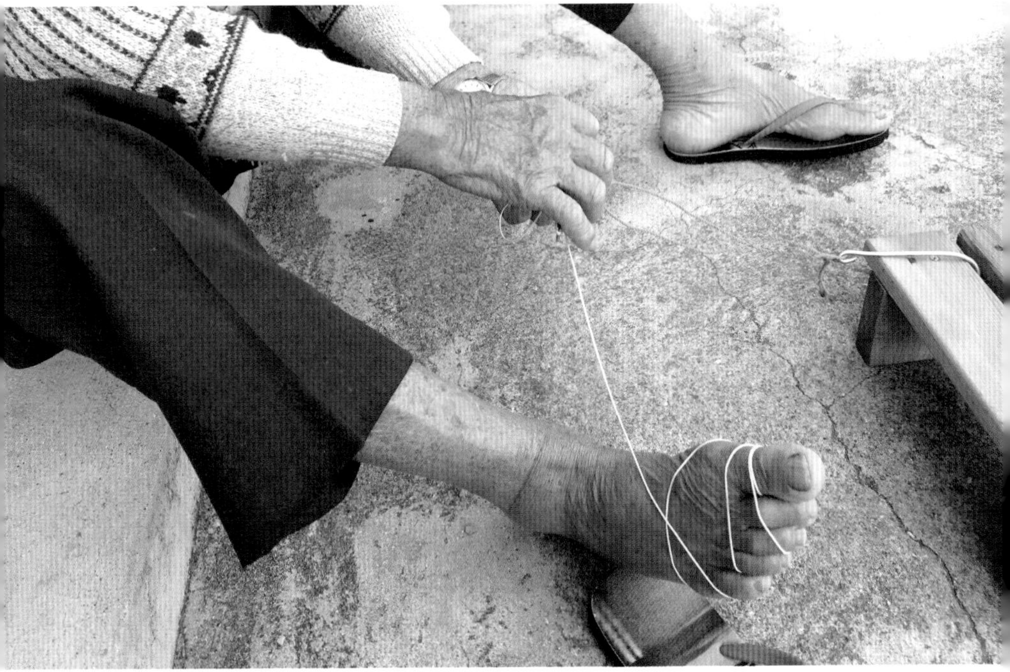

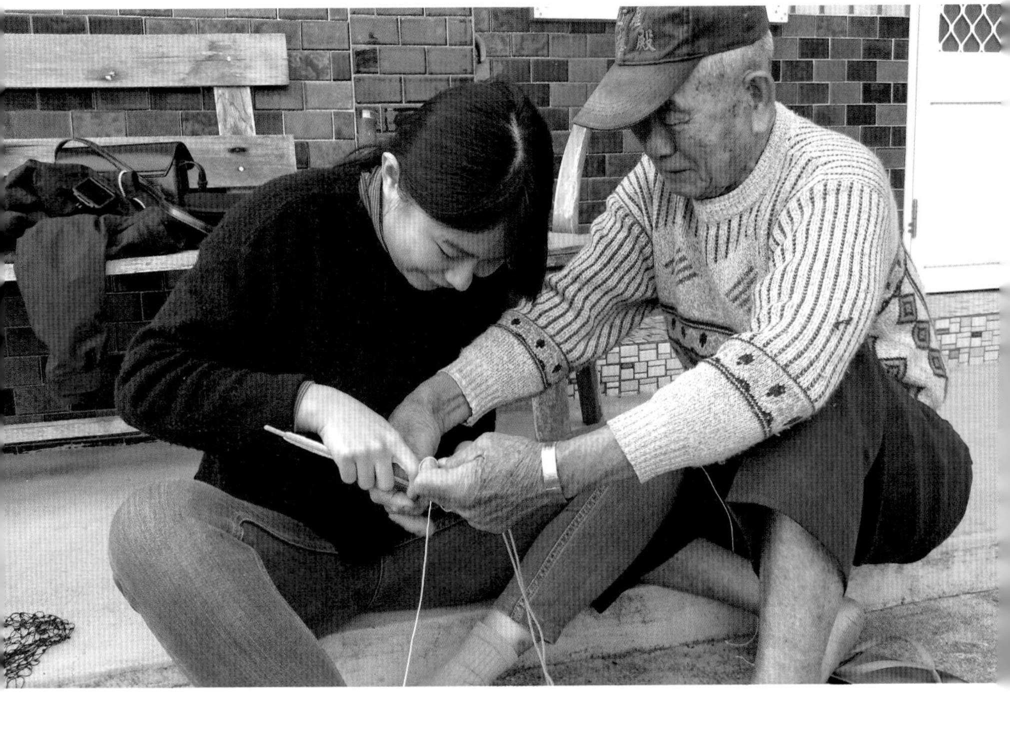

刺網的家私

漁具物件在澎湖各地的稱呼腔調與功能構造略有不同，此處以介紹紅羅村當地為主。

現代刺網工具

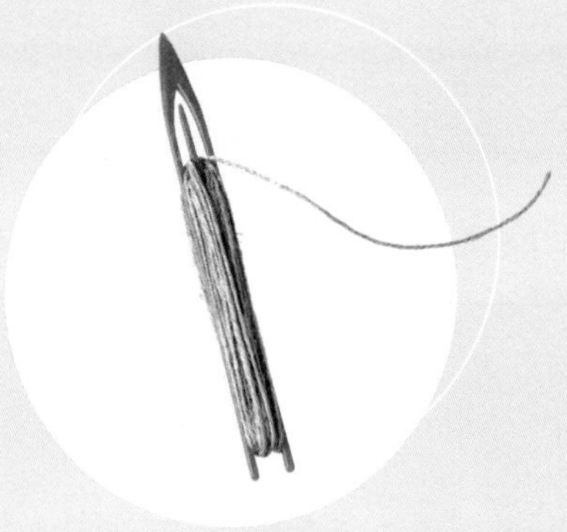

傳統刺網工具

範（pān）

決定網目大小的樣板，範越寬，網目越大，範沒有材質限制，只要是扁平的長條狀物品皆可充當，如木片、竹片、塑膠尺等。

梃仔（kìnn-é）

刺網時所使用的梭子，過去以有彈性的竹片手工削製而成（如圖右中），現多改用現成的塑膠製品（如圖左）。

棉線

早期刺網以棉線作為線材，現多改用尼龍材質。

鉛墜模（iân-tuī-biô）

又稱拋網模，是自製的鉛錘鑄模。早期使用磚頭，後來改用鐵或銅，現在則大多購買現成的鉛錘。

雄哥

透過一條釣線與大海對話

跟著坤師出海釣魚，是我到紅羅後第一個接觸的海上活動，這同時也是我第一次釣魚，釣魚已經成為現代人親近大海的一種方式，大多不是為了溫飽，而是單純的休閒嗜好。澎湖是釣魚人的天堂，一年四季，只要是無風天氣好的日子，都能拎起釣具靠海隨處作釣，像是站在凸出的礁岩可以磯釣、在水淺的潮間帶上可以徛坪（khiā-phiânn）[3]、沿著石滬周遭可以磨滬岸（buâ-hōo-huānn）[4]，還有踢箍、船釣等各式各樣的釣法，最純粹的「手釣魚」也是其中一種。

3 ——又稱徛港、徛水等，指的是走到淺坪的盡頭或航道的邊緣站著垂釣。

4 ——在退潮期間水深及腰時，倚靠在石滬旁並沿著周圍海域垂釣。

以手代竿，感受魚的習性。

在早期沒有先進的捲線器時，釣魚大多使用傳統手竿，然而竿身是固定的長度，一遇到比較大條的魚，就會因為沒有彈性容易斷掉，但若是以手取代釣竿並搭配著捲線管，就可以隨意調整釣線長度，也不會感到手痠，給予漁人更大的發揮空間。

有魚大家吃

在村裡只要提到手釣魚，肯定就會聯想到林松雄大哥，他是一位笑口常開的手釣達人，與村長忠雄是雙胞胎，兩人的名字都有一個雄字，所以村內笑稱兩人為大雄、小雄。雄哥為人和善，總是笑臉迎人，平日賦閒在家，時常會泡一壺好茶招呼親朋好友，此外，雄哥還擁有一副好歌喉，受人肯定的歌聲甚至還上過《超級紅人榜》電視節目，但雄哥最大的興趣與專長，依然是駕著一

在澎湖沿岸經常可見釣魚人半身泡水、立於淺坪作釣的奇景。

艘小船出海手釣，僅憑一條細細的釣魚線與多年的好手感，往往會釣上幾十斤的漁獲滿載而歸，並不吝嗇地分送他人，最常聽到雄哥笑瞇瞇說的一句話就是，「等一下來我們家喝茶啦！」雄哥家就像是一個小型同樂會，裡頭充滿了對於村落的一切美好想像。

紅羅北面的海域有許多島礁，員貝嶼、雞善嶼、錠鉤嶼周遭，是許多居民習慣前往的釣魚勝地，而雄哥的釣魚技巧便是在年幼時，長年跟著父親林祖令一同出海習得，雄哥說起以前每次從海上回來，因為父親釣的魚特別大條，村民會爭相來家裡搶購，「記得以前我們會去魚灶要一些賣相不好的小管，作為石斑魚的夜釣餌，因為小管在夜晚的海中會明顯發光，一起結伴釣魚的朋友們，只要有人釣到最大尾的就要負責煮一鍋魚湯請大家吃。」雄哥笑著回憶，在父親的帶領

雖是一葉扁舟，卻隨雄哥四處征戰漁場。

下，釣魚也成為了雄哥後來人生中不可或缺的一部分。

手釣，與魚的一對一決勝負

「最一開始自己也使用過釣竿，有一次連釣了六條紅沙，每一條都至少三、四斤，但釣到第六條時，我跟魚都沒力了，完全使不出勁把牠釣上船，僵持了許久，現在想起來都覺得好笑。」雄哥分享著使用手竿與手線的差異，用傳統手竿若是碰上一條六、七斤的紅甘也不一定釣得起來，甚至竿身有可能會斷掉，但單純以手控線，就能依靠技巧來戰勝大魚，打持久戰也不容易將體力耗盡，另外有趣的是，還可以起到誤導同行的效果。

一般使用手竿，當魚在吃餌時，拉扯的過程釣竿會明顯彎曲，如果一直大咬，竿身彎個不停，遠方的

手釣魚的當下，世界只有大海和自己。

漁船就可能發現這裡的漁況很好，靠過來也想分一杯羹，這時不免會壞了自己獨釣的興致，但手線則是恬恬食三碗公半，沒有拉魚的大動作，釣多釣少只有自己知道，也不會打草驚蛇，讓附近的同行無法判斷自己這邊究竟有沒有魚，就不會過來同片海域搶漁獲了，在種種的考量之下，雄哥還是特別鍾情以手線釣魚。

「不同的潮汐，釣到的魚也不太一樣，漲潮時會將船開到珊瑚礁附近，玳瑁石斑比較多，退潮時則是釣港附近，青嘴較多。」「曾經釣過最多魚的時候，可以早上下午各出海一次，加起來大約有將近三十幾斤的魚。」當雄哥侃侃而談這些釣魚故事與豐厚戰績時，心想這是需要多少的累積，與大

青嘴是雄哥最常釣的漁獲，但偶爾也有意外驚喜。

海互動後才能習得的技能呢？釣魚靠的不是蠻力，而是長時間培養對氣候、海洋、魚類的認知，即使只有雙手與釣線，也能抱得大魚歸。

漁人的手感與浪漫

剛進村的第二年，曾經和雄哥在天還未亮的清晨中，開船出海釣魚，雄哥的船是條小型動力舢舨，沒有任何遮陽的地方，但春天清晨的溫度舒服涼爽，雄哥和我分享著太太阿滿姨準備的早餐，蜂蜜涼水、兩個包子、切好的水果，都是為了讓雄哥釣魚時方便食用補充體力，到了定點後，我協助雄哥下錨，開始準備漁具，雄哥的釣餌是使用狗蝦，當時心裡一驚，狗蝦非等閒之輩的食材，用在釣魚上也太傷本了，雄哥則笑笑回覆說，「要對魚好一點啊！」雄哥釣回來的魚

雄哥信手拈來就是一條魚。

大部分是自己食用，多的才會賣給熟識的朋友，不過度索取之外，給魚兒的最後一餐下重本，也是一點也不會手軟，雄哥說這樣才對得起牠們所貢獻的生命。

在測完水深、拉好釣線之後，雄哥開始掖臊（iā-tsho）**5**，將早已備好的誘餌撒向預定下鉤的地點，一切前置作業就緒，我們便開始了最重要的環節，手釣魚。釣魚多少都會經歷長時間的靜默與等待　但雄哥卻很習慣這樣的過程，「這段時間，你可以思考很多事，你也可以完全放鬆，你的世界只有大海，耳朵也只聽得到海的聲音，這是完全屬於自己的時候。」當下確實

5 ——選定釣魚地點後，在下竿之前先撒誘餌引魚的動作，即一般釣魚人俗稱的打Esa（餌料的日文發音）。通常會使用帶有腥味發臭的小魚，與砂砱攪拌混合之後，再拋至海面，藉由砂砱的重量將誘餌撒落在固定區域，以避免誘餌隨波逐流而漂散。

骨軟肉爛的丁香、扁仔、鱙仔都是掖臊的最佳餌料。

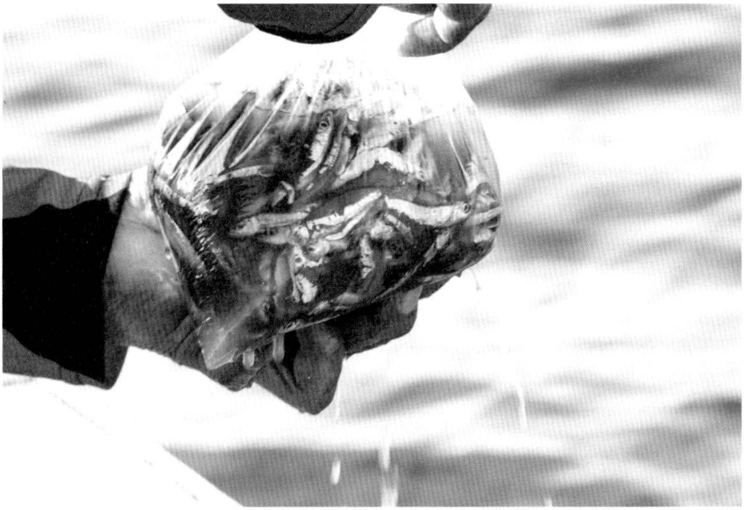

貪吃的海龜本人。

沉浸在這樣的感受之中，出海了，將煩惱與工作都暫時放在陸地上，乘著小船到海中央稍稍喘息，身心也默默地被療癒。

有魚咬餌了，雄哥最厲害的是只要憑藉著魚線起伏、震動頻率，就能大約判斷可能是什麼魚在吃餌，而且在魚釣上船後都和原先的猜測並無二致，心中突然好奇起，那雄哥釣過最重的生物是什麼呢？「海龜啊！」有幾次雄哥在遠方就瞥見海龜的身影，心裡暗自吶喊「不要過來！不要過來！」結果海龜還是不安分地吃餌了，害得雄哥要費盡力氣才解開餌鉤放牠回大海。

當天回程時，不知怎的起了大霧，眼前的島礁頓時被籠罩住，而我們像艘誤闖異空間的小船，漫無目的地擺盪著，我的心情也隨之搖晃起來，雄哥馬上察覺到我的慌張，告訴我，「別緊張，我很熟悉這裡的路。」雄哥將船速放得很慢，且一路注意著水面下的礁岩，慢慢緩行回到港邊，平安悠閒地度過了手釣魚的一天。大海是雄哥的另一個家，既然是在家裡，就沒有什麼好懼怕的。

一年到頭幾乎三分之一時間都會出海的雄哥，即使在毫無遮蔽的烈陽下，也抵擋不了他對於釣魚的熱愛與執著，「釣魚很快樂啊！完全不會累，還能欣賞日出跟夕陽，是人生一大樂事。」大海就像是雄哥最好的摯友，每天傳來的LINE長輩圖幾乎都是雄哥在海上所捕捉的景色或漁獲。大海，看似沒有規則與定律，但漁人卻能在當中尋找到最適合自己與之相處的方法，漁人的一天，樸實無華，卻享盡了最美的海景。

沒什麼煩心事是出海一趟不能療癒的，如果有那就出海兩趟！

手釣魚的家私

漁具物件在澎湖各地的稱呼腔調與功能構造略有不同，此處以介紹紅羅村當地為主。

椺 (hia)

撈取漁獲上岸的網具。從海裡將魚釣上船，為避免脫鉤跑魚，會在船邊使用圓形大面積的椺(圖右)來接住魚，而從船上魚艙撈魚起來則會使用平頭的椺(圖左)比較方便。

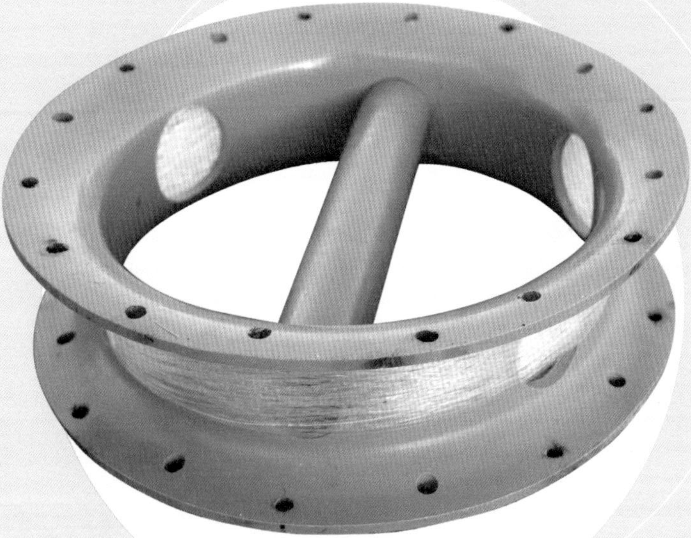

手綑仔 (tshiú-kún-é)

以 PVC 塑膠管製成的捲線器，是收放釣線的輔助工具。

阿滿姨

只要夠骨力，不怕沒菜吃

澎湖的冬季迎來了海菜與紫菜，沿岸的潮間帶、石滬、島礁上的岩石峭壁皆換上一身新衣，隨著天氣越發陰冷，也越為顯色，尤其在不間斷的寒流過後，喜風浪大的海菜與紫菜會長得更好。在紅羅，捻海菜與挽紫菜，是村民冬季時主要的採集漁法，海菜就生長在村裡內灣的潮間帶上，在漲退之間隨波逐流搖曳生姿，整片看過去，如同海上的蒙古大草原，而鄰近村子的無人島嶼則是紫菜的產地，紫菜成群依附在較高處的礁岩上，從遠處航行經過，在太陽底下的紫菜與玄武岩相互輝映，像鋪滿一層可可粉的熔岩巧克力，在逆境中極具生命力的綠金海菜、黑金紫菜，與白金土魠魚並稱為澎湖三金。

每當海菜季來臨，潮間帶上一定少不了阿滿姨的身影。

一期一會的海菜

冬日紅羅的防波堤下，碎老古石上滿滿的都是海菜，其中的一種學名為「礁膜」的海菜，在地人稱之為「tshè」，生長在石頭上，較不容易跟著水流漂走，而海菜的美味，就連臭肚魚也無法抵擋，靠岸洄游只為了一嚐鮮味，澎湖人當然也不錯過這一年一會的海之緣。

雄哥的太太，阿滿姨，今年六十八歲，是村內漁婦的代表之一，她所熬製的海菜醬，吃過的人都嘖嘖稱讚。阿滿姨小時候家裡較貧困，常常需要幫忙家務，去農田採草餵牛、撿牛屎，去海裡插殼仔、撿螺仔，去山去海就是她生活的日常，「以前人家裡都很窮苦，冬天吃海菜吃到怕，不像現在可以加花枝丸、狗蝦，就是很單純的海菜湯，每天喝都喝到膩了，很多現在的老人家，甚至都不太吃了，偶爾想到才會去採，海菜就像是冬天的青菜來源，以還沒擰乾之前來算，採一次差不多一、二十斤。」

在澎湖，採海菜的方式主要分為兩種，「遛海菜」(liù-hái-tshài)與「捻海菜」(liàm-hái-tshài)，前者會利用竹子或金屬製成微彎的長條狀工具，俐落撈起載浮載沉的海菜，後者則較為簡便，直接徒手捏取一坨坨躺在潮間帶上的海菜，兩者差別在於採集時機與效率，在水較滿、剛退潮的時候，海菜會隨之漂流，這時會用「遛」的方式，較方便刮取整條大面積的海菜，而不破壞到海菜本身，也比較不會有沙子附著，作業起來十分迅速，適合大量採集。

但在紅羅，因為沒有專職販售海菜的產業與商家，大多採海菜的人都是自家食用為主，如阿滿姨就會習慣用「捻」的，俗稱「挽tshè」(bán-tshè)，在水淺的時候慢慢採到完全退乾才上岸回家，是簡單上手又安全的漁法，冬天也時常會有一家老小在潮間帶捻海菜的溫馨畫面。

1 澎南地區遛海菜的實況，在水未退乾時以海菜箆搭配泡棉船，可迅速撈取大量海菜。

2、3 相較之下，紅羅村的海菜需求不大，等到退潮之後再徒手捻海菜就足夠吃了。

充滿職人手藝的海菜醬

採海菜本身並不難，最耗時跟麻煩的反而是後續處理，清洗海菜要使用冷水，在冷冽的寒冬，只能躲在屋外的車庫或間仔處理，才不至於凍傷手指，手勢也要溫柔，才不會把整條海菜都弄到碎碎的，如果是用機器洗出來的海菜，香氣跟口感也沒那麼好，挑嘴的村民一吃就知道，通常較細心的居民，為了將海中的細沙與碎石洗淨，會重複洗三至四次，依量而定，洗後的海菜，再將多餘的水分壓掉、分裝，並且要在凍櫃保存結冰才不會爛掉，村民採集回來的海菜幾乎都是自己食用，有多的便會分享給周遭的鄰居朋友，剩的才會拿到鄰近市場賣，近幾年價格約一斤五十至八十元，有時產量少會賣到一斤一百元甚至以上。

「有些村的海菜煮湯，比較不會這麼綠，會容易黑掉，我們紅羅的煮湯熬海菜醬，都比較不會失色，也比較好吃。」阿滿姨驕傲地分享著自家潮間帶上所生的海菜，有時總覺得這也是一種村落情懷，對於家鄉的認同感，即使同為澎湖的海菜，不同村也能吃出、煮出不同的口感。

鮮嫩的海菜大部分都是直接拿來煮湯或煮麵線，在湯裡加上狗蝦、肉絲與小管就是一道非常清甜的湯麵，「記得以前紅羅有家店一碗鍋燒意麵三十五元，我們還會帶海菜去店裡請老闆一起煮。」「以前紅羅住著一位醫生，會用生海菜泡茶沖茶來喝，說是對扁桃腺很好，曾經去喝過幾次，但只是有點鹹鹹的沒有什麼味道。」阿滿姨與家人分享著小時候的海菜記憶。

海菜除了煮湯之外，也會有其它的應用，像是阿滿姨以前向公公學來的海菜加工法「海菜醬Nori」[6]，聽長輩說是自己摸索出來的煮法。阿滿姨常常會看準潮汐，連續好幾天出門採集海菜，至少收集十斤左右的量，才能熬成一鍋的海菜醬，除了採海菜、洗海菜是耗費時間的體力活，熬製海菜醬也是個慢工細活，需要小火熬煮三小時以上，適當放入配料與醬油，才能防止海

6 —— Nori為日文海苔的發音，原本指的是海苔或海苔醬，這兩者的主要成分都是紫菜，而不是海菜，但在澎湖常被拿來代稱海菜醬。

菜燒焦失色，剛起鍋的海菜醬香味瀰漫整間屋子，老人小孩都無法抵擋這份美味，早晨配饅頭、中餐配稀飯，想沾什麼就沾什麼，甚至許多居民都會特別請託阿滿姨幫忙熬製，是可遇不可求的巷弄美食。

剛採集的新鮮海菜是翠綠色，要經過來回洗滌並慢火熬煮，才能成就墨綠的美味海菜醬。

只生長在無人島的珍貴紫菜

相比岸邊隨處可見的海菜，紫菜更顯珍稀，在以前，出海採紫菜甚至會被認為具有一定的危險。「皺葉紫菜」是紫褐色的海藻，紅羅唸作「tsuí-tshài」，因為生長條件特殊，只會現身於無人干擾的島礁上，澎湖的紫菜有南北海的地域之分，南海的各島嶼因為沒有漁業權的登記，所以任人竭澤而漁，還沒長大就被強摘的紫菜品質也較差，相對的，北海的紫菜自古就建立起管理制度，無人島的紫菜採收受所屬村落的統轄，例如白沙鄉姑婆嶼屬於赤崁村；湖西鄉錠鉤嶼分屬北寮、湖西、湖東、白坑四村；湖西鄉雞善嶼分屬菓葉、南寮、紅羅三村等，並且多訂有公約與採收時間，會等待紫菜生長到一定的長度後，才開放上島，也有規定在採集時不得連根拔起，須留下部分葉狀體，更禁止使用刮刀與釘鞋等會傷及紫菜棲地的工具，只能戴手套用「挽」的，所以才會稱為「挽紫菜」(bán-tsí-tshài)。

雞善嶼，是湖西鄉東北方的一座無人小島，柱狀節理環繞四周，在一九九二年已公告為玄武岩自然保留區，未經許可禁止登島，只有春夏之際的海鳥是盤據這裡的住客，而例外就是每當紫菜季一到，有標到採收權利的人可以合法申請上島。

關於紫菜採收權分散在七個村落的故事，有一個版本在村裡廣為流傳，聽說，以前錠鉤嶼、雞善嶼本來是也是屬於白沙鄉赤崁村的勢力範圍，但有次赤崁村人遇海難受到湖西村的救助，因而將兩嶼的採收權贈與湖西（也有一說是作為嫁妝），後來因有船隻和地利優勢的菓葉村經常盜採，無力阻止的湖西村便聯合北寮、湖東、白坑、南寮、紅羅五村一同聲討，歷經一番爭執糾紛，官府裁示往後的紫菜採收權由七個村共享。雖然有文史工作者認為這段故事不符史實，卻還是能從這個傳說中看出，早期澎湖村落之間競爭合作的關係，還有對於漁業權隸屬的重視，既有趣又充滿時代感。

春夏之際，雞善嶼的柱狀節理會被染白，不要懷疑，那就是海鳥們所遺留的「贈禮」。

阿滿姨說，在紅羅，不一定每年都會上島去採紫菜，要看村裡與家族那一年有沒有標到資格，有標到就會到雞善嶼採紫菜，有一次她剛生完小孩四個月就坐船一起去採紫菜了，記得那一天的紫菜非常多，一上島就要抓緊時間一直採，而且因為紫菜生長的地方比較沒什麼雜質，所以不用洗，回家後可以馬上分裝冷凍，在沒有凍櫃的早期，就會讓紫菜吹吹風，再放進冰箱冷藏。

紫菜因為採集成本更為繁瑣與困難，不像隨手可撈的海菜，不只牽涉到漁業權的認定，還要一群人在冬季乘著船浩浩湯湯地航行到無人島上採集，所以相比海菜重本，價格也較高。但紫菜也不好以人工方式煮成醬，因為它質地與口感都很粗，要煮到軟爛要花更長的時間，可能半天都跑不掉，因此紫菜有紫菜的吃法，像是煮乾的食材，炒冬粉、炒米粉或是與肉絲混合炸成紫菜丸子。

海菜與紫菜，是澎湖冬日最具代表的味道之一，在惡劣的氣候下，經過勞動而獲得的食材，化為一道道奢華的平民佳餚，這是屬於澎湖一年一度的冬之祭典。

1 不只漁網手套，肩背漁網袋也是海女最潮的配備。
2 剛採的紫菜幾乎不用清洗，看上去就十分乾淨漂亮，令人忍不住想直接嚐一口。

捻／遛海菜＆挽紫菜的家私

漁具物件在澎湖各地的稱呼腔調與功能構造略有不同，此處以介紹紅羅村當地為主。

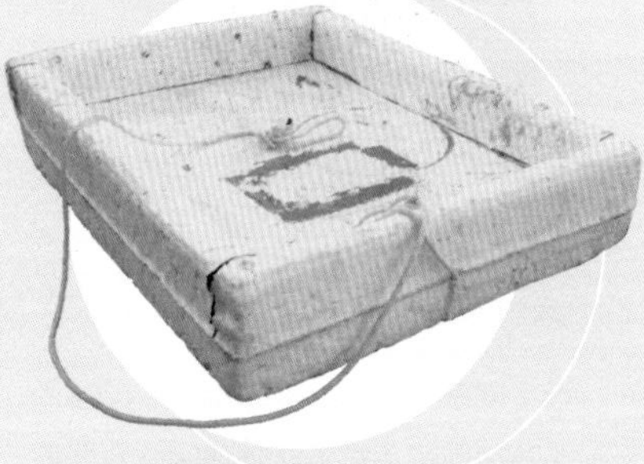

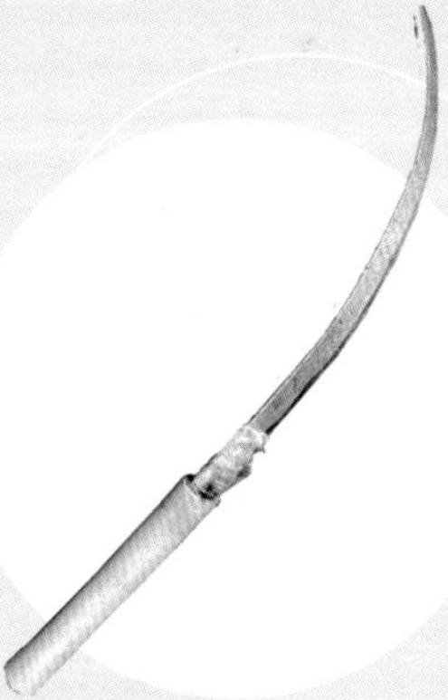

泡棉船（音譯：môo-lí-lóng）

遛海菜所用的載具。遛海菜需要在水未退乾時進行，浮在海面上的泡棉船，除了盛放大量海菜之外，也可以讓漁民邊作業邊拖著走，更為方便省力。

遛仔（liù-é）

又稱海菜篦、海菜刀。遛海菜所用的工具，早期單純使用竹子剖成的細薄片，故稱海菜篦（hái-tshài-bih），現代則改為細長微彎的鐵片。

鐵殼（thih-khak）

弧形的鐵製刮刀。早期使用天然的貝殼刮取紫菜，如石蚵、鮑魚等殼，後來則改為鐵器，但澎湖北海的部分島嶼已禁止使用。

網仔手套

縫上細網目漁網的棉紗手套。因澎湖北海的部分島嶼已禁止使用鐵器刮取紫菜，所以漁民改在手套手指處縫上漁網增加摩擦力，以利摘取紫菜。

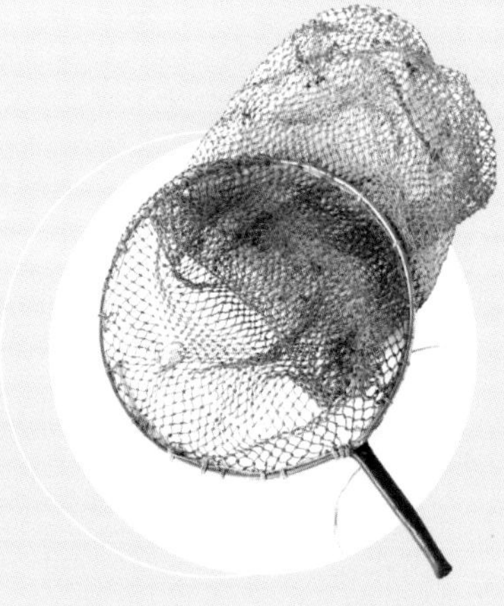

大網目的桸（hia）

盛放海菜的網具。在退潮後，因海菜附著在潮間帶的礁岩上，捻起的海菜容易有沙子，所以要用網目比較大的桸，才方便當場清洗與過濾雜質。

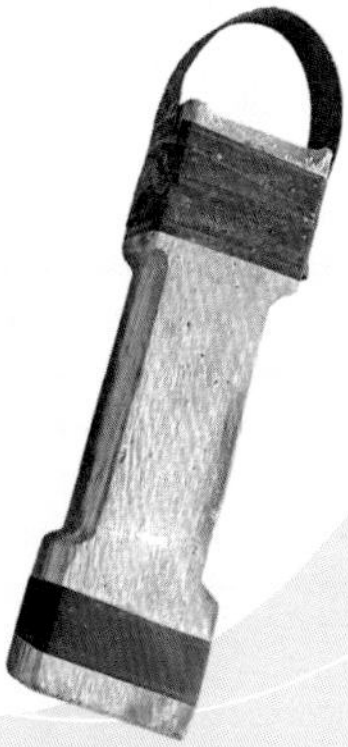

小網目的稀（hia）

盛放紫菜的網具。紫菜生長在高潮線附近的礁岩上，幾乎不會有沙子附著，所以無需清洗，稀的網目也相對較小，另外，早期的稀中間會多一根握把，若搭配配剾仔一起使用，刮取動作會更加俐落。

紫菜剾仔（tsuí-tshài-khau-é）

以鐘錶發條與木頭握把製成的刮刀，配合專屬的網稀，可以在礁岩上快速刮取紫菜，但澎湖北海的部分島嶼已禁止使用。

寶瑑阿嬤

篳路藍縷，編織海田歲月的足跡

在澎湖，因應不同季節、場域、魚種所衍生出的漁法五花八門，依海而生的島民自然也是十八般武藝樣樣精通，其中包括了製作漁具的手工藝，正所謂「工欲善其事，必先利其器」，想抱得大魚歸，就要有好的工具在手，尤其在過去物資缺乏的年代，生活十分仰賴手作能力，需要什麼都得自己做出來，例如一只可以隨身裝納漁獲的魚簍，或是一雙能在礁岩上抗顛簸防溼滑的草鞋，只要有最符合自己身形與習慣的漁具，便能克服先天環境的限制，方便又有效率地在海上進行漁獵。

打起草鞋的寶瑑阿嬤，誰都不敢打擾。

棧間裡的寶貝家私

若是想一探某戶人家的討海偏好或擅長的手工技法，通常從他們家的「棧間」(tsàn-king)就能略知一二。

紅羅的住家旁幾乎都會有一、兩間小倉庫，看似不起眼卻總是藏了許多寶，平時不只停放交通工具，也是上岸後處理漁獲的第一現場，有些乾脆擺個凍櫃，處理完的漁獲就往裡頭塞，而剛剛才大顯身手的漁具們，被洗淨之後會在牆上或角落邊歸位，這裡其實就是漁具專屬的收納室。

每當被邀請回村民家中，總會特別想看一眼他們的棧間，那個神祕的小空間就像是一座飽含漁村生活的博物館，或許並不大，物件也不多，但每一個器具的樣式都如此獨一無二，有著自己的紋理與故事，每

寶琭阿嬷的棧間雖小但五臟俱全。

一樣都是曾經陪伴村民走過潮起潮落，在討海生活中不可或缺的夥伴。

海女阿嬤的神之手藝

即使是同一種漁具，也會因不同的主人或材料而有自己的味道，像是已經九十八歲的大師級海女，洪辛寶瑑阿嬤，因為無法忍受別人搶在她前頭下潮間帶，所以寶瑑阿嬤無時無刻都在修整漁具以備不時之需，出自她手藝編織的器具，不僅堅韌耐用，更有著雙手的溫度，甚至阿嬤家現存的好幾個篧（khah）、勾籃（kau-nâ）都還是從年少時沿用至今，就算在昏暗的倉庫中也掩蔽不住這些器具所散發的魅力。

篧跟勾籃，是在海上盛放漁獲的容器，巡滬炤海用篧，耙貝撿螺用勾籃，這兩樣可以說是澎湖漁村中每一戶人家幾乎都有的基本配備，早期以竹編居多，後來被耐磨堅固的打包帶給取代，寶瑑阿嬤曾掛保證，「用打包帶編的篧跟勾籃可以用上一輩子。」勤儉持家的阿嬤總會留存包裹拆封後的打包帶，等收集到固定數量再從頭編出一個新漁具，是漁村廢棄物再利用的最佳代表。

1 拜寶琢阿嬤為師，從起底開始學編簟與勾籃。

2 起底最費功夫，需手腳並用。

另外，寶琭阿嬤還身懷一項已經接近失傳的編織技藝，打草鞋（phah-tsháu-uê）。

阿嬤說，早年離島生活窮苦，身上穿的衣服也是東拼西湊，需要四處撿拾別人不要的破布來補，更不用想著會有鞋子穿，如果想要討海，就必須先學打草鞋。

赤腳踩在遍布礁岩的潮間帶上行走，腳底容易被石蚵、藤壺等物劃傷，艱辛程度堪比海中的天堂路，若無鞋可穿又身扛漁獲，還得咬緊牙關，忍著傷口浸泡鹽水的疼痛，才能走回岸上，根本是超乎常人的負重訓練，因此，遠在現代膠鞋問世之前，草鞋是討海人必不可少的防具。

在過去，有些村民會種植瓊麻，除了拿來販售，也會作為編織草鞋或其它用品的材料，「使用瓊麻搓成的草繩很堅固，可以用來綁很多東西，就算草鞋壞了，麻繩本身也不太會斷。」「可以打草鞋的草有好幾種，現在都沒看到了。」「以前只要是比較硬的草，都可以搓成草繩看看適不適合打草鞋。」寶琭阿嬤分享著草鞋的原料。

刻印在身體裡的打草鞋

打草鞋的前置工序最為耗時，要先整理草料，進行一至兩天的曝晒、理草，搓成繩狀前也要將草搥軟，草繩才會有彈性。有了草繩之後，就算只憑雙腳腳趾也能打出一雙草鞋，但代價是需要長時間坐在地上維持雙腳微彎的動作，不僅草繩不好固定，更不符合人體工學，光是想像都感到十分難受，所以後來出現了草鞋床取代雙腳，增加效率也稍微減輕負擔，打出來的草鞋較為扎實。

各地的草鞋床型態不盡相同，依照需求，在某些尺寸細節的變化也不太一樣，有些類似一塊洗衣板，可以直接席地蹲坐其上，或是架在板凳上使用，有些為了改善姿勢不良的問題，索性將草鞋床設計成一張長板凳，上頭再增添草鞋耙、滾軸等構造。

用白茅草復刻出的純草料草鞋。

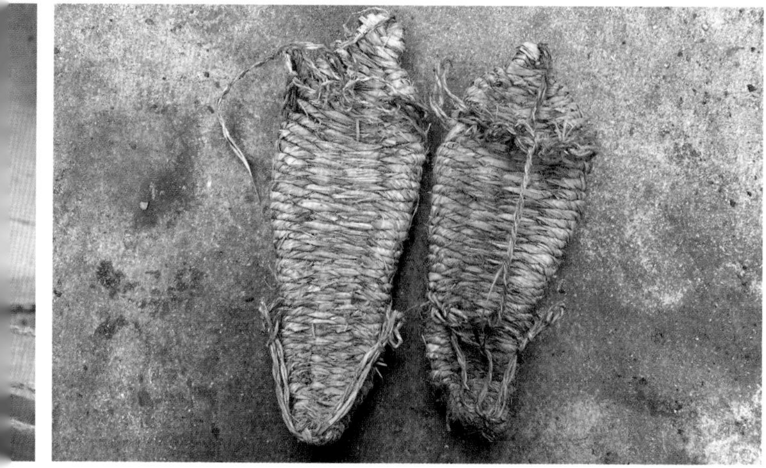

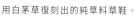

即使有草鞋床的輔助，要打完一整雙草鞋還是相當費勁，首先，取一條較粗的經繩作為草鞋的骨架基礎，然後一端套在草鞋耙上，另一端綁在腰上，接著將草搓擰成繩狀，以橫八字形的方式，來回把草繩一條一條編上，過程中在合適的位置加上鞋耳，也可以微調草鞋的長寬，並使用「撬仔」(kiāu-é)擠壓草繩固定成形，重複這道工序數次，歷經三、四小時才會得到一雙可供上山下海的潮鞋。

和魚簍不同的是，在早期使用頻繁的環境下，草鞋的損壞率高也不好保養，一個禮拜至少就要打一雙，被視為日常消耗品的草鞋，如同討海工具中的糟糠妻，後來才逐漸使用廢棄的輪胎皮、布料、漁網等替代材料，雖然現在購買青蛙裝、膠鞋很便利，但耐穿的漁網草鞋依然受在地耆老青睞，倒是純草料編織的草鞋已幾乎絕跡。

1 | 2

1　嘗試用牛仔布打成的現代草鞋，先將布料搓擰成繩狀，再以橫八字形編到草鞋的骨架上。

2　並不時使用「撬仔」擠壓先前編上去的草鞋骨架，使其更加牢固。

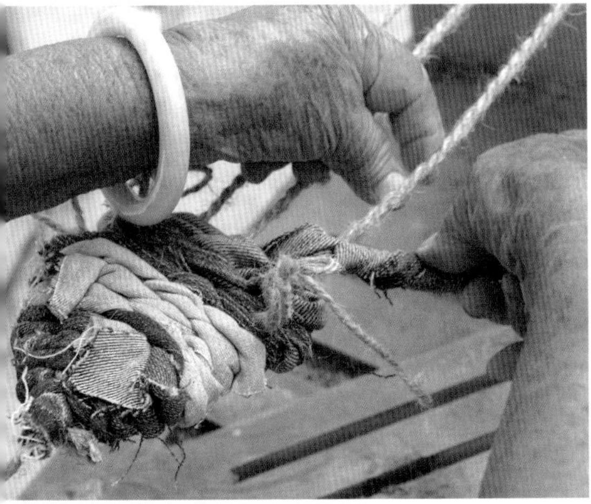

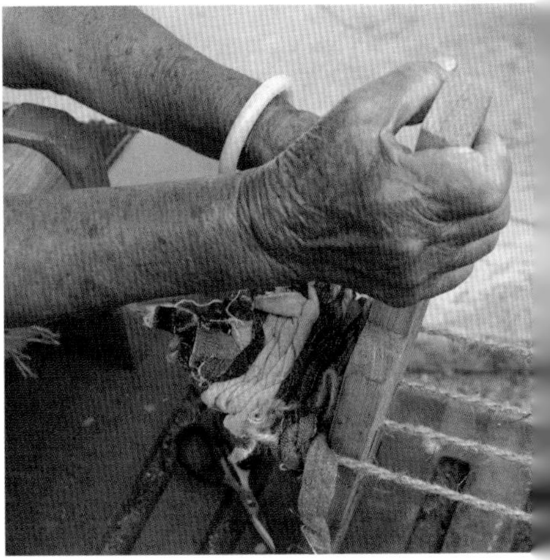

這也是為什麼寶琭阿嬤一開始並不願意演示打草鞋，雖然現在的我們看來是珍貴的生活智慧，但對阿嬤來說，草鞋是苦命的象徵，充滿了血汗的回憶，最後是阿嬤的孫子政凱動之以情，寶琭阿嬤這才勉強出手。

為了減輕阿嬤操作上的負擔，我們找來本業是木工師傅的坤師，照著過去的樣式改良出一台全新又舒適的草鞋床，當我們搬到寶琭阿嬤的面前時，原先不情願的阿嬤卻還是感到十分驚奇，如同看到多年不見的老朋友一般，寶琭阿嬤自然而然地坐上草鞋床，拿起備好的草料，突然就打起了草鞋，整個流程一氣呵成，就好像是單純在完成昨天沒做完的工作一樣。

寶琭阿嬤說自己三十幾歲後就沒再打過草鞋，算一算，也至少有五、六十年沒溫習過這項工藝了，但現在她打起草鞋來卻連一眼都沒眨過，如此熟練的手法，打草鞋的技藝已銘刻在阿嬤的生命中，令人印象深刻的是，寶琭阿嬤每次都會邊打草鞋邊抱怨兩句，「這草鞋無好用啦，恁打這是欲物代？」唸是這樣唸，但有一次我們去阿嬤家拜訪時，怎麼樣都找不到阿嬤的身影，原本以為阿嬤在睡午覺還是出門了，結果要離開時才發現阿嬤在倉庫自顧自地默默打草鞋，真的是讓我們又哭又笑。

寶琭阿嬤從很年輕時就扛起全家的生計，也因此種下克勤克儉的精神與討海魂，儘管現在年紀一大把，依然還是潮間帶上的常客，如同一位身經百戰的討海女戰士，持續在大海中貫徹自己的生存之道，而相伴左右的編織技藝，交錯的不只是生活智慧的積累，還有層層堆疊的人生軌跡。

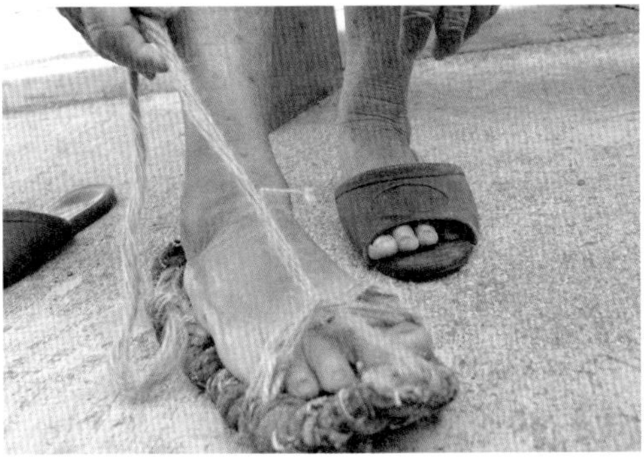

1/2

1 寶琭阿嬤帶著孫子政凱搓草繩，祖孫間相差一甲子的生命經歷，因草鞋而有了新的交集點。

2 過去橫行海陸的腳上功夫，如今也在現代社會中漸行漸遠。

編魚簍&打草鞋的家私

漁具物件在澎湖各地的稱呼腔調與功能構造略有不同，此處以介紹紅羅村當地為主。

草鞋床（tsháu-uê-tshn̂g）

打草鞋的輔助工具。有類似洗衣板（圖上）或長板凳（圖右、圖下）的形式，可以固定經繩成為骨架，從而更快速地打出草鞋。

樹奶鞋（tshiū-ni-uê）

又稱ぞうり（音譯：lo-lí），以廢棄輪胎皮自製而成的橡膠鞋，在草鞋沒落之後，曾短暫流行於澎湖，但馬上就被後來出現的膠鞋所取代，現在則是以穿著青蛙裝或有毛氈底的防滑鞋為主。

撬仔（kiāu-é）

又稱擋仔（tòng-é），是打草鞋時所用的木耙。在每編完一條草繩之後，為避免鬆脫變形，會拿撬仔穿過經繩，並頂住草鞋床的下方凹槽，向內拉動施力，將每一條已經編好的草繩緊壓到毫無縫隙，用以固定草鞋的鞋身。

勾籃仔（kau-nê-é）、勾籃（kau-nâ）

在潮間帶採集漁產所用的手提籃，過去是以竹子編製而成，現多改用打包帶，小型的叫「勾籃仔」（圖左），大型的叫「勾籃」（圖右），主要盛裝螺貝類，如珠螺、紅蚵、大殼、厚殼仔等。

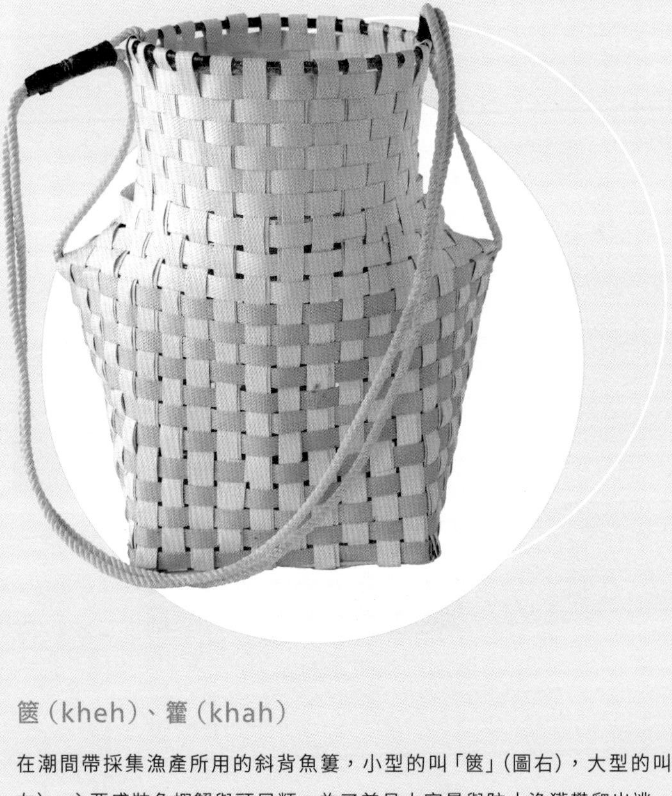

篋（kheh）、篕（khah）

在潮間帶採集漁產所用的斜背魚簍，小型的叫「篋」（圖右），大型的叫「篕」（圖左），主要盛裝魚蝦蟹與頭足類，為了兼具大容量與防止漁獲攀爬出逃，所以簍身較長，且會作縮口設計，另外也可以直接加蓋。

麗華阿姨

灶台前的溫度，才是最熟悉的領域

與魚灶的首次相遇，是因緣際會發現常經過的村中小路旁，有建築物被雜草灌木給虛掩著，在好奇心的驅使下詢問了坤師，才知道原來這是坤師家族過去所經營的魚灶，廠名叫「永振發」，一九六一年開業至今歷經滄桑，僅剩零星的水泥柱與傾圮的灶台。

白煙裊裊，重溫那久違的鹹香氛圍。

澎湖早期的漁獲量驚人，在沒有冷凍設備的年代，魚多到吃不完，澎湖人主要倚靠醃漬或晒乾的方式來延長漁產的保存，直到日治時期，日本人看中了澎湖漁業的多產與潛力，便引進了日式改良的魚乾加工廠，「魚灶」(hû-tsàu)。

魚灶，是在半世紀以前風靡全澎湖的漁產加工業，先醃漬再晒乾的工序，能大量處理漁獲製成魚乾，澎湖幾乎各大小離島、村里皆有設廠，紅羅村也不例外，雖然村內並無專司捕魚的船隻，但過去魚灶老闆多是有配合好的船家與貨運，會每天去馬公港標魚買魚，再將漁獲一簍簍載至魚灶處理後續的作業。

早期的魚灶產業，相信是不少澎湖人共同的回憶，年紀稍長、技術純熟的婦人，可能就有體會過長時

二〇一九年，與永振發魚灶的初見面，是在一片荒煙蔓草中。

間「徛灶」（khiā-tsàu）的血汗，年紀輕一點的，可能就有當過小貓偷吃魚或是幫忙晒魚打零工的經驗。紅羅全盛時期最少有九間魚灶，且因工序繁瑣，從標魚、洗魚、豉魚、抾魚、排魚、煠魚、徛灶，到披魚、曝魚、裝箱出口等需要有大量的人力與分工合作，才得以順利營運，因此每間魚灶都供給了不下二、三十人的工作機會與家庭溫飽，形成了一種漁村的集體經濟，許多村民都是參與其中的要角。

標魚（pio-hû）、洗魚（sué-hû）、豉魚（sīnn-hû）

魚灶加工的流程大致是這樣：清晨三、四點老闆便會前往魚市場標魚或是與固定的漁船配合，指定買下整批漁獲，其中以臭肉魚、四破魚、小管為大宗，約五、六點再將一簍簍漁獲載回魚灶，緊接著運至魚

1 | 2

1　臭肉魚一直是魚乾加工的首選。

2　撒鹽浸漬數十分鐘，順便清洗魚身。

灶的漁獲無須殺肚去鱗，便可直接倒往「礐」（ha̍k）[7] 裡，以粗鹽稍微浸漬數十分鐘，再撈起以乾淨的鹹水沖洗一下魚身，去除雜質；小管則是略過醃漬，直接以鹹水清洗外表即可。

抾魚（khioh-hû）、排魚（pâi-hû）

接著將醃漬好的魚種分類，臭肉魚歸臭肉魚、四破魚歸四破魚等，挑出來的同種魚會以魚頭在下、魚尾在上的方式排入竹篩中，最後魚體會形成一圈一圈的將整個竹篩排滿，就可以開始準備下鍋了。

煠魚（sa̍h-hû）、徛灶（khiā-tsàu）

將盛滿魚的竹篩直接放入大鍋中，以沸騰的鹹水煮三、四分鐘便馬上起鍋，已排好魚的竹篩再接著輪

1 分類好的魚以頭下尾上的方式排入竹篩中。
2 排魚排得越密集越好，這樣下鍋時才不會輕易散開、發生碰撞傷到魚身。

流下鍋，這個過程會一直周而復始到當天所有的魚都煮光為止，這是整道工序中最為勞力密集的步驟，也是決定魚乾品質優劣的關鍵，所以通常會交由最有烹煮經驗的婦女扛起重擔來把關。

披魚（phi-hû）、曝魚（pha̍k-hû）

煮好瀝乾的魚從竹篩中拿起，一條一條排到箅（pìn）上鋪平，再搬至魚灶周遭的空地曝晒，依照當天的天氣、陽光來調整曝晒的時間，約時間過半翻面一次，此工序最耗費人力，也是從前澎湖人在魚灶打工的重點與共同回憶，有時漁獲較多，魚乾會晒到村裡的海堤旁，一路延伸，像是在村裡鋪上一整條的魚乾地毯。晒好的魚乾最後會一尾一尾排好裝進塑膠袋中，放入木

7——醃漬漁獲的水泥凹槽，會依照每一間魚灶工廠的規模而有不同的大小跟數量。

1 從前火力全開的魚灶，魚是一篩接著一篩下鍋，徛灶的人連想喝口水都沒時間。

2 四、五十歲以上的澎湖人，或多或少都有在魚灶晒魚的打工經驗。

箱捆好打包，並依照漁產名稱在箱外標示並且寫上「特上裝，早流（tsá-lâu）**8** 貢脯」，意指特等上選新鮮魚乾，配合好的貨運會來魚灶載送，將魚乾運至馬公港，最終銷往台南。

正所謂魔鬼藏在細節裡，除了魚灶工廠化的生產流程，其實懂得看火勢、拿捏鹹度、魚體熟度、曝晒時長，才是成就一條美味魚乾的祕訣，而紅羅的麗華阿姨就是掌握此功夫的箇中翹楚。

今年七十五歲的麗華阿姨，和她初識是在村民家裡頭，當時她坐在身旁，一起喝著熱茶看晚間新聞，聊起天來充滿氣勢的嗓門與海口腔總是把旁人震得一愣一愣。去完石滬上岸之後，麗華阿姨偶爾會路過探班，常常話才說到一半她就會像是突然想起一件很重要的事，隨即笑說，「等我一下，我

8 —— 依捕獲時間的早晚，魚也會被分為早流和暗流，夜晚的魚因為剛吃飽，腹中還有未消化的食物，下鍋煮容易破肚、賣相不好，而清晨的魚經過一個晚上，腹中的食物已消化乾淨，所以魚灶大多偏好使用早流的魚。

回家拿個東西給你們。」離開不到十分鐘，便能從遠方的巷口中看見她騎著摩托車的身影再次現身，並帶著可能是自己晒的臭肉魚乾、剛煮好的花生或是自家田裡任何收成的作物，笑容燦爛地分享給我們，記得有次剛帶完潮間帶導覽，便發現車上掛了一整袋的芭樂與檸檬，想都不用想地會心一笑，就知道一定又是麗華阿姨的貼心贈禮，剛在炙熱太陽下累積的疲累感也就頓時消失了。

見證魚灶產業的輝煌與起落

與麗華阿姨越混越熟的日子裡，發現她除了對待自己的作物很細心之外，就連處理漁獲也很在行，原來麗華阿姨曾經在魚灶裡煮魚煮了半輩子，一路煮到魚灶產業沒落停業才收手，「有時候魚太多，即使懷孕

麗華阿姨跟雄哥一樣，都擁有最樂天的燦笑。

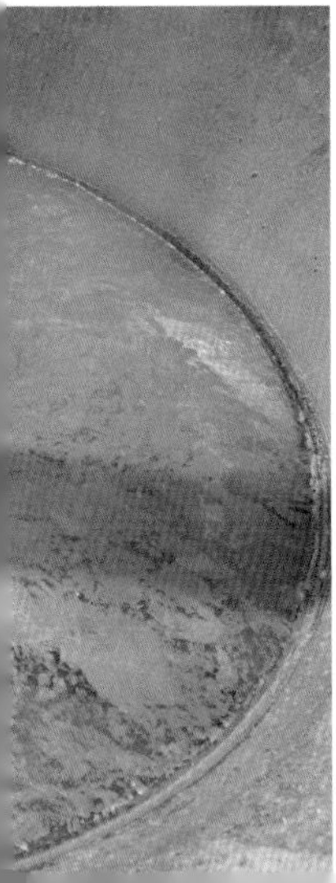

也是要幫忙，累了就站在旁邊小睡，和其他人輪替休息。」「曾經有次煮魚煮到三天三夜都煮不完。」麗華阿姨述說著過去魚灶的輝煌榮景，似乎從她的言語中都能聞到從灶口瀰漫出的陣陣魚香，也看見了身為女性在漁村裡討生活的不易與堅毅。

麗華阿姨回憶道，她自小十幾歲就在魚灶工作了，當年披魚曝魚的日薪九元，煠魚徛灶的日薪十一元，年幼時個頭不高的麗華阿姨，為了賺取較多的工錢，選擇了薪資高一點點但也較吃重的徛灶，在腳下墊上幾塊空心磚，再多簍的魚也能俐落處理，讓每一條魚煮完後都呈現最完美的狀態，魚乾如果魚身沒破、鹹度又拿捏得當，通常都能賣到不錯的價格，魚灶老闆也會放心讓她繼續徛灶。

煮過魚的湯汁，在地稱之為「鹹汁」（kiâm-tsiap），

1 | 2

1 起鍋後，湯湯水水流過竹篩就成了鹹汁。（攝影 © 蘇淮）

2 鹹汁雖是魚乾加工中的副產品，但在澎湖早期的飲食文化中仍然占有一席之地。

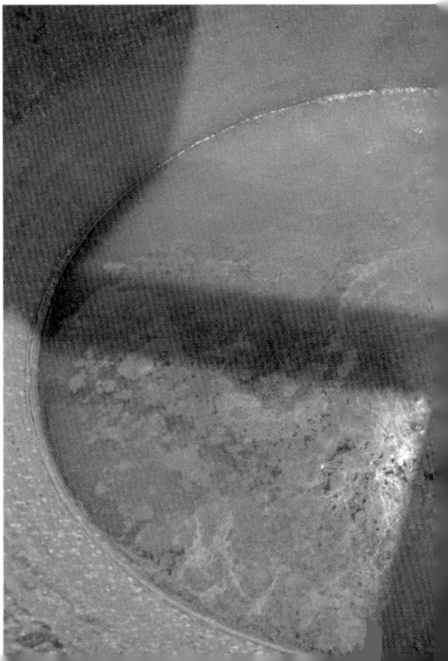

類似未經過濾稀釋的魚露，味道原始而重鹹，是澎湖從前貧苦人家的下飯配料，通常魚灶老闆會乾脆讓來工作的村民自由取用，很常聽麗華阿姨與坤師說，「鹹汁配花生或番薯最對味，光是想到那個鹹就流口水！」聽著聽著都忍不住想嚐上一口，修復永振發魚灶的念頭說不定就是從這時燃起，想著有一天要親自重現鹹汁的味道，將屬於澎湖漁村的隱藏口味，魚灶裡的醬油給找回來。

再次燃起炊煙的永振發魚灶

隨著一九八〇年代後，全澎湖的漁獲量驟減、產值下降，村內的魚灶紛紛停業，親身經歷魚灶興衰的麗華阿姨說，她就是這樣看著魚從一簍一簍地進來，怎麼煮怎麼晒都處理不完，但到最後竟然變成無魚可煮，曾經的日薪也一路從十一元漲到兩百五十元再漲到一千兩百元，卻因為臭肉魚的價格下跌、產量也不穩，紅羅的魚灶產業就此絕跡了，目前僅存的建築遺址只剩兩間，其中之一便是永振發魚灶，也是離島出走工作室在紅羅落地生根的第一個修復空間。

沒能逃過時代淘汰的永振發魚灶，在與在地工匠來回討論設計之下，一點一點地慢慢重建，當煙囪與灶台恢復了往日煮魚的功能時，腦中第一個想到的人便是麗華阿姨，於是我們隆重邀請了麗華阿姨進行象徵性的開灶儀式，相隔數十年，麗華阿姨又重新站到了灶台前，再度展演了一次記憶中熟悉的倚灶流程。

白煙升起，整個村子似乎都蔓延了海的鮮味與魚的香氣，被縷縷炊煙環繞，我們闖入了時光隧道中，一起回到魚灶盛行的年代，當天，不少紅羅居民都聚集在此，有路過的、聞香而來的、對煙囪的輕煙深感好奇的，大家人手一隻剛起鍋的臭肉、四破魚，緬懷著童年滋味，那個家裡瓦斯爐也無法復刻的味道，這一刻起，永振發魚灶曾經停擺的歲月又流動了起來。

二〇一九年啟動修復，二〇二二年正式完工。

二〇二三年，永振發魚灶將以全新面貌再度開張。

魚灶加工的家私

魚灶加工物件在澎湖各地的稱呼腔調與功能構造略有不同，此處以介紹紅羅村當地為主。

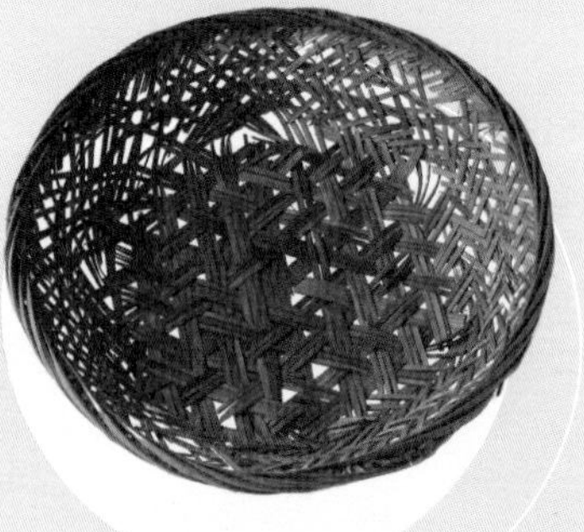

篩仔（thai-é）

竹製的圓形篩具，在煠魚與徛灶中使用，透過孔隙過濾水分與雜質。篩仔會連同魚一起下鍋，維持鍋中魚體的整齊排列，不傷及賣相，起鍋之後則是負責濾乾多餘的汁水，而灶台通常會附有鹹汁槽的構造，就是專門拿來收集起鍋所流下的鹹汁。

推車

木製的平板車，用以堆置層層相疊的箅。過去魚灶為處理大批的漁獲，同時也需要有相當數量的箅，為求省力與確保動線順暢，推車可以一次性運送數十個箅。

箅（pín）

竹製的方形器具（圖上、圖右上），在披魚與曝魚中使用，透過孔隙曝晒與通風。當晒完魚的一面要晒另一面時，只要再蓋上一個箅，將兩個箅上下翻轉即可，魚灶工廠通常使用體積小、正方形的箅，較方便單人獨立作業。

長方形的箅（圖右下），中間為漁網或紗網材質，一般是居家使用來曝晒頭足類或體積較大的漁獲，如章魚、小管、錢鰻、魟魚等。

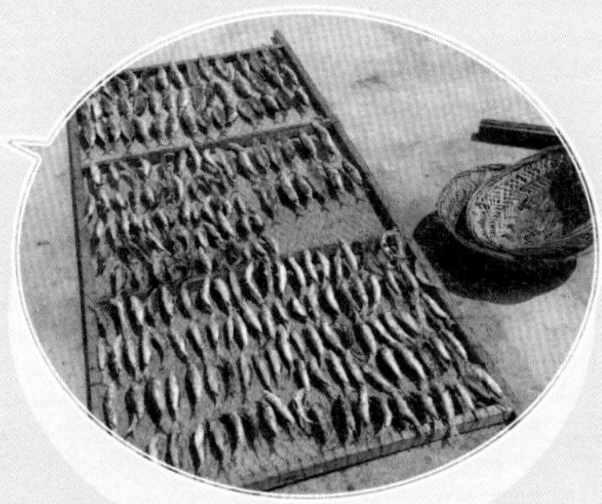

澎湖百家膎

醃藏大海的鹹鮮，令人屏息的澎湖罐頭

在村裡走跳最幸福的莫過於被村民餵食了，只要是在村裡被撞見，阿公阿嬤就會自動預約好用餐時間，並且熱情款待上一頓，所以默默地也參觀過不少灶跤（tsàu-kha），雖然每次大家都靦腆笑說沒什麼東西就簡單吃，但搬上檯面的絕對都是私藏珍饈，有自抓的現流海鮮、自種的桑椹、自釀的葡萄酒、自晒的花菜乾、自醃的高麗菜酸等等，而其中有一個被封印在紅蓋塑膠罐的禁忌食品，裡頭混濁的液體隱隱透出不祥的氣息，特別吸引我們的目光，那真面目竟是澎湖版的「鯡魚罐頭」。

臭肉膎，就是澎湖版的鯡魚罐頭，這半生不熟的獵奇美味，你敢來上一口嗎？

臭名遠播的發酵鯡魚

幾年前，曾經有一款開箱題材紅極一時，各國網紅都會特地買來試吃，並且拍下浮誇到不行的戲劇性反應，面目猙獰得讓隔著螢幕的觀眾都能感受到它的威力，其臭名遠播，連部分航空公司都明文禁止攜帶上機，它，就是奇臭無比的瑞典鯡魚罐頭，是瑞典漁民早期利用低鹽醃漬，透過發酵防止鯡魚肉腐壞，後來成為世人皆知的罐頭食品。

鯡魚是高經濟價值魚種，雖然種類眾多不盡相同，但在不少國家中都占有舉足輕重的地位，不只是極為普遍的漁獲，更時常融入當地衍生出標誌性的食魚文化，像是北美阿拉斯加沿海有食用鯡魚卵的古老習俗、荷蘭視生鯡魚為國民美食、瑞典聞名遐邇的鯡魚罐頭，另外還有澎湖的「臭肉朘」。

鯡魚周游列國，在世界上留下輝煌的漁業史，包括澎湖，但在澎湖說鯡魚，大多數的人可能沒聽過，因為鯡魚在澎湖的名字是叫「臭肉」，澎湖鯡魚的種類和瑞典罐頭的波羅的海鯡魚不同，但一樣是貨真價實的鯡魚，學名小鱗脂眼鯡的鯡魚在澎湖有一個更為傳神的俗稱，臭肉魚，不是魚本身很臭，而是因為捕上岸後腐壞速度快，不馬上處理就會發臭。

所以臭肉魚不只是澎湖魚灶加工魚乾的主要漁獲來源，也會被生醃成「臭肉膎」，但因為臭肉膎五味雜陳的重口味令現代人不敢恭維，也沒有工業化的大量生產線，在市場上不如臭肉魚乾討喜，只有部分攤商或村落巷弄間的少數人家會自行醃漬。

澎湖膎——只要是海鮮皆可醃成膎

什麼是「膎」（kuê／kê）？將生鮮的漁獲入罐以粗鹽醃漬稱作「膎」，紅羅在地習慣講泉州腔kuê，臺灣本島則大多唸作漳州腔kê。澎湖早期漁產豐饒，卻苦無冷藏冷凍設備，為了有效保存漁獲並延長賞味期限，醃漬是一種家家戶戶幾乎都會使用的方法，澎湖的膎有百百種，魚、螺、蚵、蟹皆可入罐做膎，像是臭肉

彷彿充滿怨念的小魚，茄荖仔膎。

膎、丁香膎、茄苳仔膎、螺仔膎、蚵仔膎、大狗仔膎等，其主要特色是海鮮不經烹煮，就可以直接生醃密封數月，原本是解決食物保存不易的手法，經年累月下來卻造就了另一種新風味，令老一輩愛不釋手。

與石滬一樣，世界各地幾乎都有鹽醃海鮮的文化，只是製程與食用方式略有不同，如瑞典鯡魚罐頭、羅馬魚醬、日本鮒壽司、泰國臭魚醬、越南魚露等，顯見各國的人當初為了過剩漁獲的再利用煞費苦心，不只延長保存，還開創出另一種飲食習慣。

會注意到這個常民食物，其實是觀察到有些紅羅村民家裡頭，似乎在廚房角落或是餐桌上，都會擺放著瓶瓶罐罐的神祕食品，罐子上沒有任何標籤，瓶身透著不明的紅棕色液體，裡面有時是魚、有時是螃蟹、有時是螺肉，直到有一次被朋友政凱帶回他紅羅的阿公阿嬤家蹭飯，才親眼目睹到罐子裡的祕密。

寶琢阿嬤的先生，洪成順阿公，已經一百歲了仍是吃膎愛好者，家裡的餐桌上總少不了這一味，那是他吃飯必備的小菜配料，也是陪伴他一生的味道，成順阿公還跟我們分享一種古早吃膎的方式，膎因為比較鹹，所以一般不會單吃，都是作主食的配料居多，而澎湖因為多風少雨，農田土壤貧瘠，不適合種植稻米，因此過去的糧食是以番薯、高粱與花生為主，將煮熟的高粱米、晒過的番薯簽飯、炒過的乾花生，與膎的鹹汁攪拌在一起，就很有味道又有飽足感，在暑氣熾豔的季節，也可以藉由膎來提振胃口。

令人又愛又怕的大海鹹鮮味

但膎所散發出的強烈發酵異味，並不是每個人都敢輕易嘗試，朋友政凱也分享起自己跟成順阿公之間的趣事，他說小學有一次回紅羅找阿公阿嬤，結果下午的時候肚子餓了，在

就算只是到隔壁鄰居家下棋，成順阿公還是會天天著正裝，與餐餐吃膎一樣，都成了阿公不變的習慣。

廚房裡搜尋有什麼東西可以解饞，當時飯桌旁就擺了一個魚罐頭，他單看外觀以為只是顏色比較深的茄汁鯖魚，當下口水直流也不管聞起來怪怪的，膎直接開罐就倒出來品嚐，結果含進嘴裡才驚覺味道不妙，馬上吐了出來，從此，膎對他造成了難以抹滅的印象，直到現在他還是對膎跟敢吃膎的人敬畏三分。

說到敢吃又愛吃膎的人，不得不提到張百萬，他是在明清之間帶有大量傳奇色彩的澎湖富商，但提到他並不是因為他愛吃膎，而是有個關於張百萬一夕暴富的傳說，在說他將珠螺膎與糊塗粥兩道澎湖庶民料理供奉給當時的皇帝，皇帝一嚐龍心大悅，便命他從澎湖赤崁村往海上看，只要是他看得到的小島都歸他所有，這極為誇張的賞賜，可見膎的魔力連嚐遍佳餚的皇帝都無法招架，雖然只是傳說，但時至今日，那些小島的紫菜採集權依然屬於赤崁村，似乎無形之中又為膎的美味增添了一份神祕感。

膎的製作稱為「豉膎」(sīnn-kuê)，製程其實並不複雜，如果是魚類，如臭肉、丁香，無需殺肚去鱗，直接以粗鹽生醃即可，如果是帶殼的物種就稍微費工，蚵仔要去殼，大狗仔要肢解，螺仔膎則最麻煩，澎湖一般是採用潮間帶隨處可見的珠螺，拿鐵鎚一顆顆敲破螺殼，並且還不能傷及螺肉，要小心翼翼進行。

最後，要放多少粗鹽沒有一定比例，全看經驗與個人喜好而定，但基本上要一層海鮮一層鹽，份量要夠讓鹽沾到每一個體，也要拿捏得宜，不是重鹹就可以，不然完成的膎就只是死鹹，反而蓋住了漁獲的鮮美。

膎作為保存漁獲的一種手法，短則醃漬幾個禮拜，長則數月，甚至是一年以上，但放置的時間也不能過久，否則魚肉魚骨會化掉，最終反而只剩一整罐血肉模糊的鹹汁。

成順阿公說，小時候澎湖沒什麼東西吃，膎汁配花生仁、番薯簽就是一餐，所以吃成了一種習慣，那

珠螺膎，可以算是所有膎之中最平易近人的了。

從小記下的味道令澎湖七、八十歲以上的長輩無法忘懷，在阿公與村民的言談中，總能從他們的面容看見一抹笑意，似是從味蕾憶起了童年往事，膎的古早味不只是濃縮大海滋味的總和，更承載著澎湖人早期的生活記憶。

如果在澎湖人的餐桌上發現「這一罐」，記得先問一下內容物，不要輕易嘗試解開封印。

澎湖的各種膎

膎在澎湖各地的稱呼腔調與醃漬製程略有不同，此處以介紹紅羅村當地為主。

丁香膎（ting-hiunn-kuê）

澎湖北海盛產丁香，每年四月至九月是產季，此時船家會大量捕獲，並透過醃漬或晒乾保存，因丁香魚可以久醃而不爛，古有「丁香狀元骨」的諺語。

茄苳仔膎（ka-tang-é-kuê）

「茄苳仔」是臭肚魚的幼魚，生醃的茄苳仔被稱為茄苳仔膎，也是過去老澎湖人的最愛，但澎湖縣政府已於二〇〇四年修正魚類體長採捕限制，體長未滿九公分的臭肚魚被禁止採捕、販賣跟持有，所以茄苳仔膎幾乎失傳，只剩少許的不肖攤商或不諳法令的耆老會私下製作。

蚵仔膎（ōo-é-kuê）

澎湖生醃的蚵仔，是在礁岩上隨處可見的黑齒牡蠣，也就是俗稱的石蚵，漁民在沿岸以工具摃石蚵、破蚵取得蚵肉。

大狗仔膎（tā-káu-é-kuê）

光手滑面蟹是一種行動緩慢、體型小的螃蟹，在澎湖俗稱「大狗仔」，有「三月三，大狗仔肥甲破扁擔」的諺語，意指農曆三月是大狗仔的盛產季節，紅羅過去會以大狗仔製成蟹肉鬆與大狗仔膎。以前的大狗仔膎要去除蟹腳並保留母蟹蟹膏，再與粗鹽一同醃漬入味，現代人則視調味改為添加薑、蒜頭、辣椒等，並形成以醬油生醃的新製法，類似臺灣北海岸的生醃白底仔（瘤突斜紋蟹）。

在臺灣，由百餘座小島所組成的澎湖群島，擁有型態迴異、外形優美、保存完整、分布密度也最高的石滬群，石滬不僅是對於海洋生態溫柔友好的捕魚方式，其建築技法工藝更堪稱是潮間帶上的藝術品。澎湖近七百口的石滬們看似相仿，卻又每一口都有著自己的故事與個性，多年來我們踏查全澎湖石滬現場，以空拍機記錄石滬現況，並訪問當地滬主耆老、埋頭歷史文獻中，只為這些傳奇石滬譜寫下它們的精采故事。

IV

澎湖滬口調查

澎湖石滬分布概況。

在踏查過程中，我們發現石滬的數量與形態並非恆久不變，而是會隨著背景環境有所更迭，調查結合比對過往文獻資料，至二〇二三年四月為止，可推算全澎湖一市五鄉的石滬數量至少有六百五十四口，依序為：白沙鄉兩百九十口、西嶼鄉一百五十一口、湖西鄉一百〇八口、馬公市九十四口、望安鄉十口、七美鄉一口。形式與樣貌上，弧形滬兩百九十四口、單滬房石滬兩百六十七口、多滬房石滬二十九口，其餘為已消失或僅剩殘跡而未能清楚辨識者。

此章節特別精選出其中具代表性的九地石滬故事介紹給讀者，而我們的踏查旅程也將持續進行，期望有一天能尋回全澎湖失落的石滬。

石滬數量圖示

- 1～3個
- 4～10個
- 10個以上

此澎湖石滬分布圖，僅標示澎湖本島、白沙島、吉貝嶼、過嶼、目斗嶼、西嶼、七美島等地的石滬群，其餘島礁的石滬並未收錄在內。

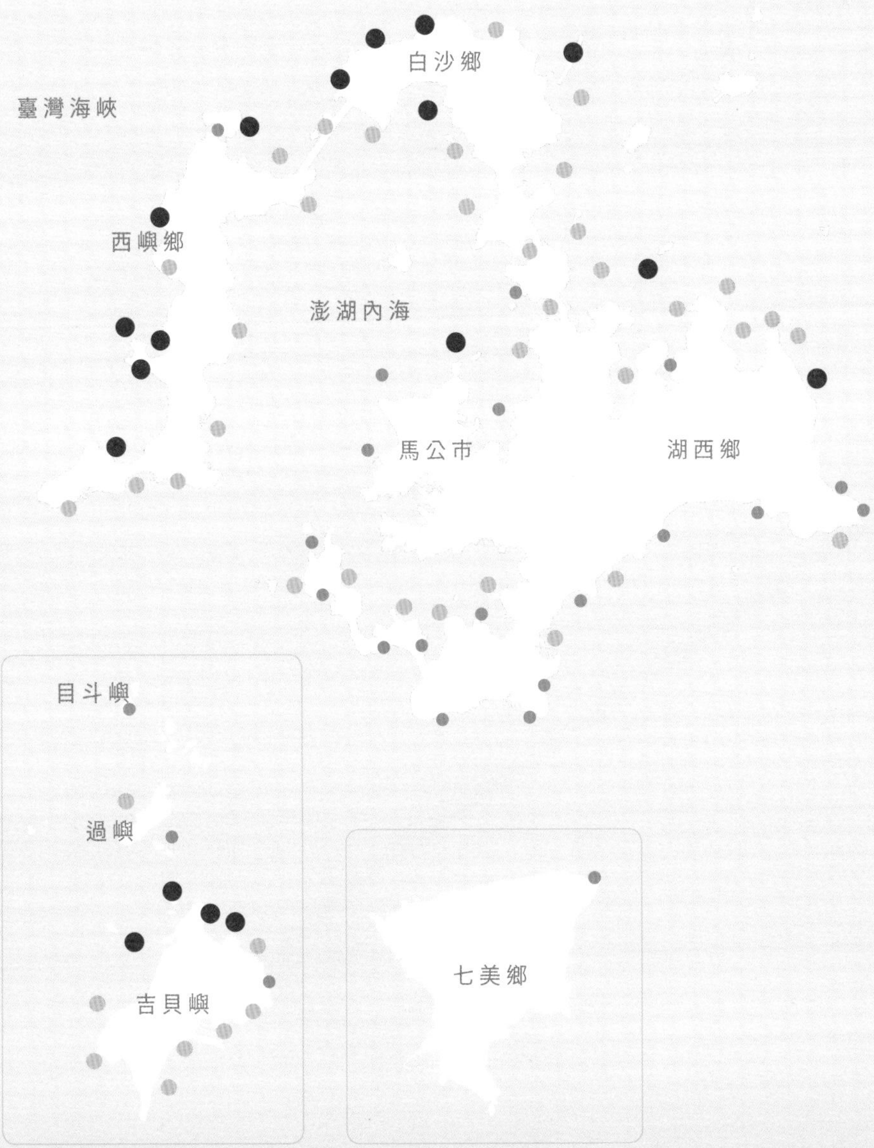

小池角滬目。

西嶼第一滬，
「虎目」是
老虎的眼睛？

01

滬目（hōo-ba̍k）

位置｜西嶼鄉池西村
類型｜單滬房
年齡｜1940年代興建完工
規模｜約302公尺
股份｜盧、顏氏家族共有
開口｜南15度西

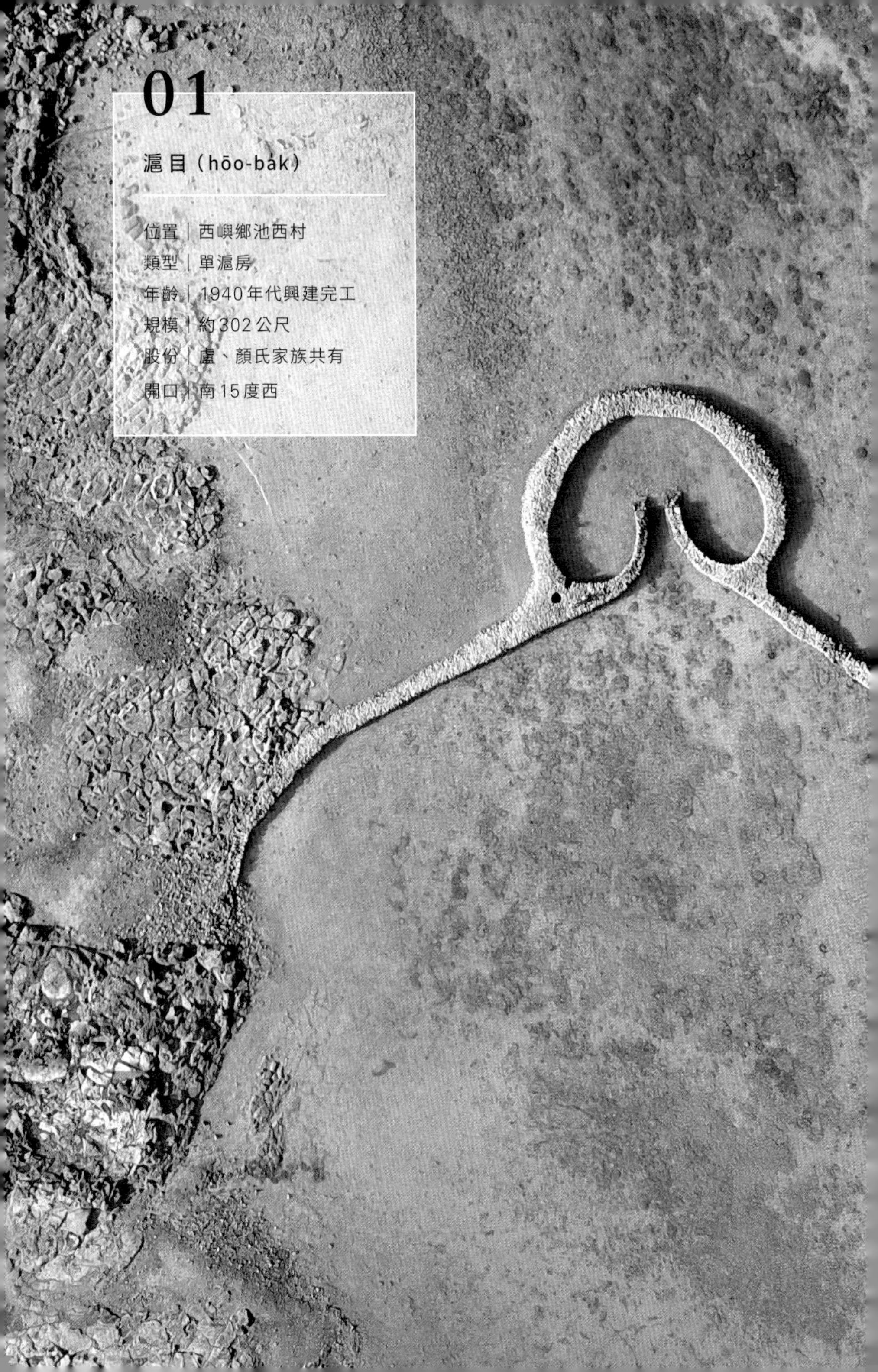

說到來澎湖看石滬，以往首選一定非七美雙心石滬莫屬，不過近年來，有一口石滬異軍突起，爆紅程度已經與雙心石滬並列為全澎湖最知名的兩口石滬，但大眾卻對它的身世所知甚少，甚至連它的本名都會叫錯，來一探那些網美照背後所忽略的歷史故事吧！

一千多萬年前，從海底火山噴發而出的熔岩，塑造整座澎湖群島的地景，也孕育了遍地的玄武岩，如今，澎湖西嶼的小池角已成一處神祕的自然地質館，拔地而起的柱狀節理是巨石陣，環形的低平火山口是麥田圈，隱沒在藍綠色海面下的圖騰，則是人類應用玄武岩的痕跡，隨著潮汐規律的脈動，石滬在海中羅列的線條一覽無遺。

「滬目」非「虎目」

小池角西邊有著一圈U形的小海灣，從右上方的漁港一路沿著海岸輪廓，一圈一圈圍繞著陸地，長滿大小不一的「魚鱗」，這些遠眺看似魚鱗的一道道弧線，正是石滬，小池角就有將近五十條如此彎曲的石滬，數量之多在全澎湖各村里的排行榜高居第二，僅次於吉貝，而其中有那麼一口與眾不同的石滬，它不是純粹的線

小池角一共有四十九口石滬，除了滬目，其餘四十八口石滬都是弧形滬。

條，而有著一顆偌大的愛心，像串璀璨的黑曜石項鍊，在一片湛藍中顯得波光粼粼，其名為「滬目」。

但其實，「虎目」才是多數人認識它的名字，可能是從網路上高人氣的空拍照，或是從地方新聞的小報，多虧觀光打卡的風潮，人人都想一睹愛心石滬的風采，並留下一張波瀾壯闊的合影，但隨著虎目的聲名遠播，它的真實姓名反而慢慢消失在成千上萬的社群貼文中。

一般直觀的猜想，會以為虎目是因石滬的愛心構造看似老虎的眼睛而得名，但其實這只是臺語寫成中文時常見的以音借字，滬（hōo）、虎（hóo）

的發音相近，才產生了這個誤解，滬目二字另有涵義。

在澎湖，石滬的愛心構造通稱滬房，顧名思義，即為石滬的房間，入住的常客便是洄游的魚群，魚群們是潮水的俘虜，牠們順潮水而生，不懂得抵抗，循著石滬構造的引導，有如請君入甕最終匯流到滬房裡，待滬主前來就可一網打盡。

滬目其實就是滬房的另一種稱呼方式，常見於白沙鄉尤其吉貝村，雖然澎湖各地臨海的村落幾乎都有石滬文化的存在，但因應地域、口語、腔調的不同，對於石滬構造的稱呼也會略有差異。早期石滬產業盛行，多有各地村莊委請吉貝村師傅督造建滬的前例，包括最知名的七美雙心石滬亦

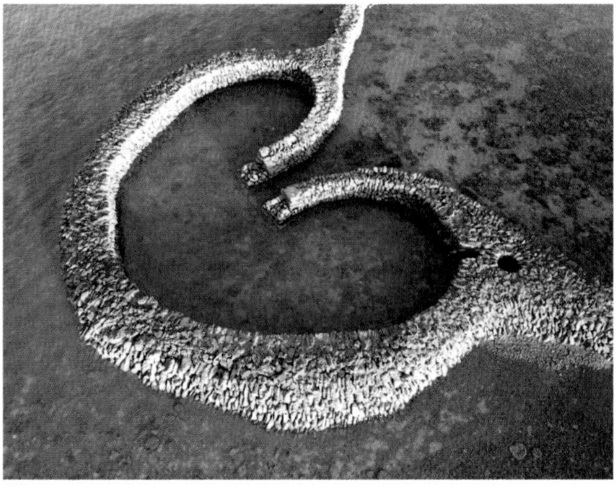

愛心構造即稱為「滬目」，亦是其石滬名的由來。

是由吉貝村的師傅南下修築，相傳小池角滬目在建造之初也有受外地石滬師傅的指導，但是否來自吉貝村已不可考，僅能從「滬目」的名字來由猜想可能有一定的關聯。

建造工藝為西嶼之最

小池角的海洋之心，滬目，它不只外形優美，建造工藝的絕倫更體現在完整穩固的結構上，因應不同需求而設計的構造彼此分工合作，滬目宛若一座堅不可摧的海中長城，除了石滬構造中常見的滬房、伸腳、滬彎，另外還有擺放網具的魚井、方便上下移動的石階、阻絕魚群游走的滬碇、加速排水的滬涵，一切都是為了讓使用者可以更快捷省事地捕撈更多漁獲。

實際上，滬目是澎湖現存六百多口的石滬中極少數還能發揮漁業功能並且持續申請漁業權執照的石滬之一，時不時會有成群洄游的煙仔魚與迷航的海龜誤闖，可見當初的漁場選址良好與建築規畫完善。

滬目是小池角唯一一口具有滬房構造的心形石滬，其宏偉壯麗更讓學者尊稱為「西嶼之最」，但相比澎湖其它動輒兩、三百年歷史悠久的石滬，生於日治時代的滬目年紀較輕，也才八十歲上下，為何滬目這口後起之秀有著這般魅力呢？它的身世又是如何？

好漁場人人爭之

一九四〇年，高雄有一對經營商行的盧氏兄弟，盧顯與盧從，四十歲初頭已決心返鄉澎湖漁樵耕讀，便索性將商行以四萬元的價格脫手，在月收五元即可養一家的年代，那已稱得上是一筆不小的鉅款，當時澎湖的石滬產業仍如日中天，對於想過退休生活的盧氏兄弟來說這是再好不過的投資了，哪怕過程中有遇上一些阻力。

在漁業依舊橫行的一九四一年，

1 滬目的滬房高度超過兩公尺，一般人站在裡頭甚至看不到外面。

2 滬目的滬門兩端被砌成可供上下移動的石階，在滬門之間沉在水下的長形石塊是滬碇。

那時的海洋並非廣闊無邊，而是彼此衝突重疊，人們為了擁有一片多產的漁場明爭暗鬥，對於小池角的滬目來說亦是如此，光是要選擇蓋石滬的地點與籌備蓋石滬要用的石材就傷透了腦筋。

從現在的角度來看，滬目的規模放眼全澎湖並不算特別大，但在小池角當地卻是稱霸第一，原來是因為滬目的現址本來存在著另外兩口石滬，西角滬與橫門滬，當初滬目在開工時，因為地界問題而與鄰近兩口石滬的滬主顏氏家族起了紛爭，後來當地的保正介入調解，並且促成盧氏家族與顏氏家族達成一項雙贏的協議，那就是拆除其實已經淤積失能的西角滬、橫門滬兩口石滬，讓出原有的位置空間與建築石料，作為交換條件，顏氏家族可以換得共同持有滬目的股份。至此，滬目才免於難產又能重新動工，也因此成為澎湖石滬史上一宗「拆滬建滬」的經典。

過程中，看著為了滬目耗費心力與家財的盧氏兄弟，兄弟倆的老母親曾感嘆，「花錢蓋石滬根本是把錢撒向海裡！」畢竟石滬是長遠的投資，要先歷經曠日累時的疊砌，耗人力更耗工錢，未來的漁獲收益也無法確定，年僅四十餘歲的盧氏兄弟等於是將後半輩子的退休金給賭上了，所以老母親會有這樣的擔憂也無可厚非。

但可能也是因為頂著投資失利的風險，僅花一年，滬目就在一九四二年迅速完工了，如果屬實，那滬目可以說是兵貴神速的典範，在全澎湖石滬的建造效率中應名列前茅。（也有一說為一九四七年左右完工，但無論如何，滬目在一九四〇年代興建完工應屬無誤。）

竣工之後，盧氏兄弟聘用鄉里的居民捕撈漁獲，漁獲彼此均分，而起初的收獲也如設想般豐碩，原以為可以就此過著衣食無虞的生活，沒想到現實中的意外卻找上門來。

大時代的變遷

一九四九年國民政府來台，帶來的是幣制變動，四萬元舊台幣換一塊錢新台幣，頓時間，盧氏兄弟的昔日餘款化為烏有，只剩下一口滬目相伴，而接下來的故事發展，後人卻有兩種截然不同的歷史解讀。

有一說，盧氏兄弟遭逢時局劇變，石滬家業也因漁獲驟減而難以持家，最後落得血本無歸，無奈之下弟弟盧從只好重操舊業當起牙醫，而生

1 | 2

1　滬目的魚井比其它石滬還深，主要用來存置網具，而不是暫放漁獲，魚井旁還有澎湖石滬中少數保留完整的石階。

2　滬目的左伸腳有一個滬涵，可加速排水。

性樂觀的哥哥盧顯則隨遇而安，依然悠哉地吟詩度日，兄弟倆的生活雖然不如以往的毫無後顧之憂，但也不至於淪為困窘。

另一說則是，雖然嚴重的通膨讓盧氏兄弟過去的資產形同泡沫，但不幸中的大幸是當初斥資興建的滬目，就猶如盧氏兄弟僅剩的身家財產，穩定供應的漁獲量或許稱不上養尊處優，但三餐溫飽卻不是問題。

兩種說法的收場相似，但滬目在其中所扮演的角色卻有著天壤之別，一個是錢打水漂的錯誤投資，另一個則是絕處逢生的一線生機，雖然當下情境已無從考證，但若從澎湖石滬整體的發展趨勢來看，還是能看得出些許端倪。

據《澎湖縣統計要覽》記載，一九五〇年，全澎湖縣的漁獲總產值有近八成是來自於石滬漁業，說明當時仍處石滬的巔峰期，一直到一九七〇年代機械船隻普及、捕撈技術發達、股份越發細碎等不可抗力之因素，石滬產業才逐漸走下坡。

回到滬目的故事中，一九四九年，盧氏兄弟身處時代交替的洪流中，無論是面臨政局更迭仰或是石滬興衰，一時之間積蓄盡失，固然倍感生活壓力，但滬目理應還是一個不可多得的副業，縱使漁獲量真的有所減少，在當時的環境下也絕不會遜色到哪裡，換句話說，滬目的存在應該被理解為盧氏兄弟的家業基底，而在歷經變動的情勢上為求更穩妥的生活，才會另尋正職出路。

時至今日，滬目仍保有漁業功能，甚至在觀光價值上嶄露頭角，也是不枉費前人的一番苦心與艱難曲折的過程，目前巡滬作業依然是後代滬主委由鄉人代巡，且延續過往不成文傳統，每當有魚群入滬捕撈上岸後，代巡的鄉親就會直接將部分漁獲分送至盧氏兄弟的後代家中，雖然漁獲狀況大不如前，魚群入滬也不多見，但能在已經二〇二三年的現代社會中，還存在著此般早期漁村的情誼與互助共好，豈不是值得傳為佳話？

滬目如今婰美雙心石滬，已然成為新一代的網紅石滬。

七美頂隙滬。

澎湖觀光大使、文化景觀的象徵

02

頂隙滬（tíng-khiah-hōo）

位置｜七美鄉東湖村
類型｜多滬房
年齡｜1937年改建
規模｜約184公尺
股份｜顏氏家族
開口｜北55度西

有好長一段時間，七美雙心石滬基本壟斷了人們對於石滬的印象，提到石滬，腦海中浮現的是一定是兩顆愛心相依的畫面，為什麼雙心石滬會如此有名？作為石滬，它到底是華麗的人造景觀，還是務實的捕魚陷阱？它用二〇二〇的一整年來回應這個質疑。

若攤開地圖來看，澎湖的上百座島礁由北向南狹長的散落在海上，遠在澎湖最南端的島嶼就是七美島，撇除已經相連在一起的白沙島和西嶼，原名「大嶼」的七美島是澎湖最大的離島，澎湖共有一市五鄉，大嶼一個島就自成一鄉，一九四九年，時任澎湖縣長劉燕夫上島巡視，聽聞過去有七名女子為躲避倭寇侵害而投井殉節的傳說，深受感動並將大嶼改名為七美，不過後來卻證實七美殉節其實只是穿鑿附會的故事。

澎湖觀光的宣傳大使

每當初夏到來，就意味著澎湖即將迎接半年的觀光熱潮，成千上萬的旅人乘著船搖搖晃晃一小時，登上七美沿途遊覽海洋在這座島嶼留下的痕跡，海蝕溝、海蝕柱、海蝕平台等一連串的自然景觀，而終點勢必會停在北方的一塊海崖前，向海望去，會遇見兩顆令人熟悉的完好愛心，那就是雙心石滬，不明就

相隔一段海崖，遊客大多難以親近雙心石滬，對於石滬的印象也僅止於外形的優美。

裡的人還會以為這是出自某位大師的裝置藝術，甚至誤會是一段浪漫的象徵，但真相卻是蠱惑魚兒的迷魂陣。

澎湖的南海鮮少有石滬，主因是地理環境不適合，這裡的水域較深，沒有廣闊的潮間帶面積，偶有的石滬零星點綴在島嶼旁，像個非必要的小裝飾，而七美島上獨一無二的一口石滬，也是全澎湖最南邊的石滬，便是世界聞名的雙心石滬。

七美雙心石滬不僅在澎湖，甚至在全臺灣都是最鼎鼎有名的石滬，因外形優美特殊，兩顆愛心相連彷彿呼應心心相印，令人聯想到愛情美好的意象，更重要的是，雙心石滬恰好位於山腳，形成絕佳的俯瞰視野，觀者居高臨下便於一覽全貌。

一九八〇年開始，適逢澎湖大力發展觀光產業，澎湖以濃烈的海島風情與深邃的歷史文化在大眾面前現身，從這時起，雙心石滬逐漸躋身家喻戶曉的旅遊熱點，絡繹不絕的遊客前往朝聖，更成為澎湖日後萬年不變的品牌大使，無論是看板廣告或飾品小物都隨處可見其身影，二〇〇六年，澎湖縣政府正式將雙心石滬登錄為文化景觀，有了文資身分的加持，石滬修繕的經費不虞匱乏，每年都會委請吉貝村的石滬師傅進行維護工作。

頂隙滬的大變身

猶如一炮而紅的大明星，世人聽慣它的藝名，知曉本名的人卻寥寥無幾，雙心石滬因位於七美島最北端的一塊稱為「頂隙」的地帶，故原名「頂隙滬」，因為島上只有一口石滬，在地人也慣稱單一個詞「滬」或「石滬」，「雙心」則是觀光行銷下所誕生的美名，但有趣的是，其實雙心石滬也不是本來就有著兩顆愛心。

頂隙滬建於何時已不可考，原先的形態樣式也查無實據，僅知頂隙滬最早由一對顏氏兄弟合建，在第一次改建時，顏氏兄弟的後代委請人稱「芭樂師」的吉貝師傅林博前往修造，現在所熟知的頂隙滬是兩顆愛心向右橫躺，當時卻是完全相反向左橫躺著，而且只有一個滬房，但在滬房中刻意隔出「一房兩窟」的集魚區域，何謂一房兩窟？據傳，此乃芭樂師林博在吉貝島的創舉，在原有的滬房內增設岸仔構造，讓魚群可以二度集中，縮小範圍便於滬主捕捉，達到滬中有滬的奇效。

一九三七年前後的頂隙滬一直有滬房水淺困不住魚的問題，加上颱風侵襲造成滬體傾圮，於是頂隙滬開啟了關鍵的第二次改建，當時的滬主顏恭自行規畫設計，並再次委託吉貝師傅，在舊址進行了翻天覆地的重建，原先的滬房成了滬彎，而一房兩窟也進化成兩個滬房，雙心石滬眾所皆知的外形就此確立。

吉貝保滬隊每年都會南下七美修滬。

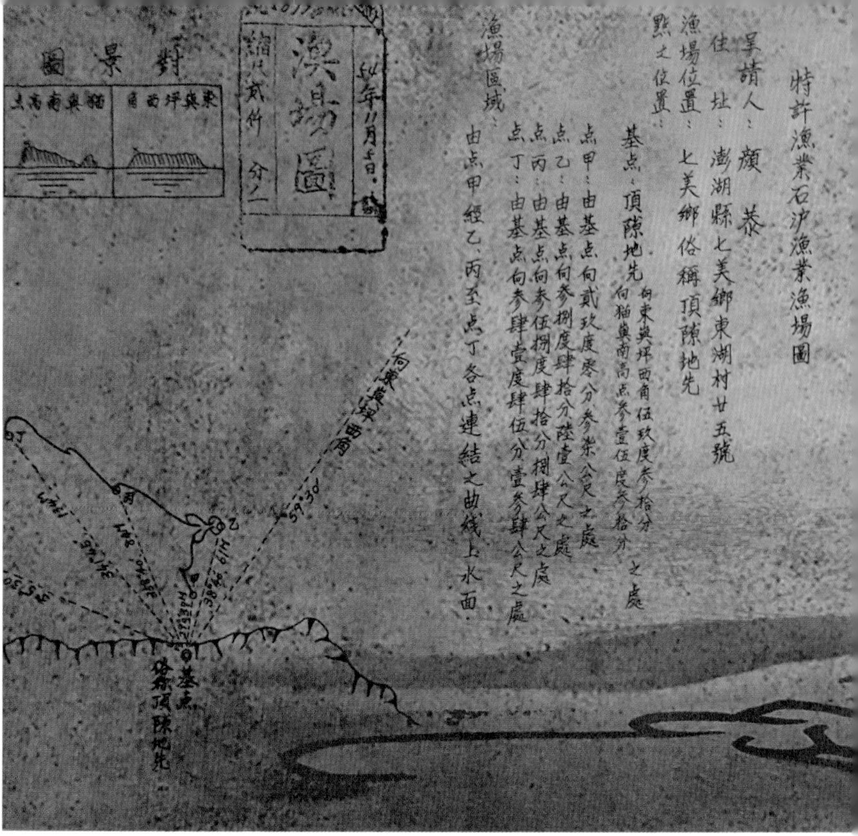

一九六五年，頂隙滬的漁場圖。

在全澎湖現存的六百多口石滬中，同時具有兩個滬房以上的石滬屬於少數，縱然有也大多是因水流方向不同，而在另一個部位新闢滬房，兩個滬房會獨立作業，如雙心般相疊在一起的情形少之又少，只有在七美島頂隙滬、吉貝島烏仔窟滬、瓦硐村半肺滬這三口石滬可以見到，更特別的是，後兩口其實都是具有三個滬房的石滬異類，由此可知，七美頂隙滬不只是造形美觀，它形態的演進在澎湖石滬群來說也具有一定的代表性。

就算不提兩顆愛心的明顯特徵，頂隙滬裡頭還是有著兩個不為人知的

頂隙滬的雙滬門，滬房內淺外深。

特點，也是一般遊客比較不會意識到的小巧思，第一個是魚井，頂隙滬只有一個魚井，設置在靠岸的一側，雖然符合常理但位置卻十分特別，魚井通常會建在滬房與伸腳之間，為方便滬主來回裝載漁獲，並趕在漲潮前將漁獲運上岸，力求動線的流暢，但頂隙滬可能是考量到兩個滬房都會有漁獲的狀況，所以有了將魚井安插在滬房與滬房之間的嶄新設計，也因此，頂隙滬的魚井位置在澎湖各地區的石滬中，是屬於絕無僅有的唯一特例。

第二個小巧思需要有些微的觀察力才會發現，它藏在兩個滬門構造的正下方，是由數個小石塊堆疊而成的滬碇，不仔細看還會以為是石滬崩落了一部分，但其實這些小石塊是類似於門檻的概念，讓滬主可以快速地將滬門封住，並阻絕魚群有從下方溜出滬房的機會，是白沙鄉石滬常見的標準配置，可以想見滬碇構造亦是由當初參與建造的吉貝師傅所傳。

讀完頂隙滬的前世今生，也細數了其中的匠心獨具與造形上的特殊意義，多數人應該會好奇頂隙滬作為石滬的漁業功能是否還有所發揮？或是已經淪為單純的觀光景點？然而，答案可能與你想像的不同。

多虧每年公家的撥款修復，損壞也不過是馬上就能痊癒的小傷口，頂隙滬始終保持著最佳狀態，迄今仍或多或少有魚群入滬，近年最顯著的盛況發生在二〇二〇年，至少有四次全村總動員捕魚的紀錄，每一次都游進

頂隙滬的兩個滬門底下都有數個小石塊堆疊而成的滬碇。

頂隙滬的魚井設計在兩個滬房之間，是全澎湖唯一的特例。（攝影 © 吳信輝）

上百斤的漁獲，而且還不是隨隨便便的魚，是俗稱拉崙 1 的高經濟價值魚種，那幾天穿梭在石滬間的討海人，雖然扛著大包小包沉甸甸的米袋上岸，但各個都笑得合不攏嘴，比起優美的外形，這或許才是石滬最動人的一面吧！

時至今日，論起七美頂隙滬的知名度與完整度，再算上僅存的漁業價值，澎湖第一石滬的寶座依然當之無愧。

1 ——學名雙帶鰺，是早期澎湖石滬常見的經濟性魚種之一，有「拉崙好食，毋分孫」的諺語，用以比喻拉崙甚至好吃到長輩會捨不得分給孫子吃，其美味與價值可見一斑。

西衛籠仔圈。

市區也有石滬群！
馬公討海人的
祕密基地

03

幹埕 (kàn-tiânn)

位置｜馬公市西衛里
類型｜單滬房
年齡｜1911年改建
規模｜約394公尺
股份｜藍氏家族
開口｜南70度東

騰風 (thîng-hong)

位置｜馬公市西衛里
類型｜單滬房
年齡｜1772年以前建造
規模｜約490公尺
股份｜王氏家族
開口｜北85度東

窟口 (khut-kháu)

位置｜馬公市西衛里
類型｜單滬房
年齡｜1827年以前建造
規模｜約297公尺
股份｜薛氏家族
開口｜南10度西

小央 (sió-iong)

位置｜馬公市西衛里
類型｜單滬房
年齡｜1767年以前建造
規模｜約562公尺
股份｜吳氏家族
開口｜南50度西

新滬 (sin-hōo)

位置｜馬公市西衛里
類型｜單滬房
年齡｜1772年以前建造
規模｜約645公尺
股份｜王氏家族
開口｜北85度東

大倚 (tuā-uá)

位置｜馬公市西衛里
類型｜單滬房
年齡｜1827年以前建造
規模｜約234公尺
股份｜王氏家族
開口｜南20度東

羼脬仔東 (lān-pha-á-tang)

位置｜馬公市西衛里
類型｜單滬房
年齡｜1827年以前建造
規模｜約496公尺
股份｜薛氏家族
開口｜南40度西

想看石滬的人來到澎湖，一般都是直奔七美，但既然全澎湖有將近七百口的石滬，那按理說，應該是隨處找個靠海的岸邊都有機會目睹石滬吧？理論上是如此，但還是要看當地沿岸有沒有足夠的潮間帶面積，如果有的話，即便是在馬公市區都能看到綿延不絕的石滬群。

澎湖一市五鄉都有石滬，就連已經是商業掛帥的馬公市區也有石滬，馬公市主要可以被分為兩個區塊，市中心與澎南區，市中心發展迅速、產業結構改變，加上先天環境受限，本來能蓋石滬的地方就不多，所以商業早早就取代了漁業，石滬隨之沒落；而澎南區雖然漁業發展蓬勃，但一日千里的漁撈技術，卻反倒讓獲利不穩定的石滬被提早淘汰，整個馬公市的石滬漁業所剩無幾，只留下一些石滬的建築本體還在跟大自然負隅頑抗。

馬公最狹長的潮間帶——西衛里

然而，在這樣的環境背景下，馬公近郊其實還有一處僅存的漁場寶地，平時被過度飽和的民宿所包圍，使人忽略了這裡藏有市區裡最龐大的石滬群，更是在地討海人茶餘飯後的祕密基地，不論是微風吹過的午後、涼爽的夜晚，都可以看到有人背著魚簍手拿釣竿或魚叉在沿岸漫步，這裡就是西衛里。

西衛的潮間帶，離岸最近的手巾寮滬是一口長約五百五十公尺的雙滬房石滬。

西衛里位於馬公市的最北邊，本來已很密集的住宅區，近幾年更擠滿了民宿，萬幸的是增長的人數還未波及到海邊，而沿岸向外延伸有近兩公里的潮間帶，是市內最狹長的潮間帶，同時也是最適合建滬的海域，光西衛里就有十七口石滬，約占了全馬公市石滬總數的五分之一。

西衛特有的滬門形式——籠仔圈

西衛里的石滬全都有滬房，大大小小有十三口單滬房與四口雙滬房，如果你一覽它們的全貌，就會發現其中有七口石滬的長相十分突兀，它

新滬。

騰風滬。

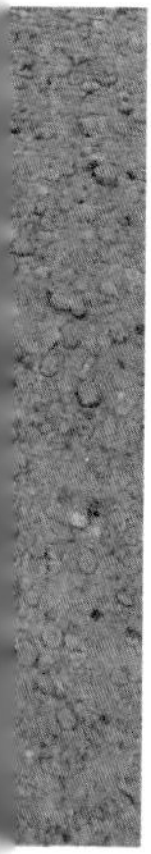

們分別是幹埕滬、新滬、騰風滬、大倚滬、窟口滬、屛脬仔東滬還有小央滬，與眾不同的滬門構造令它們極具鑑別度，事實上，這是在澎湖其它地區前所未見的造形，是西衛石滬專屬的圖騰印記。

一般來說，石滬的滬門為了迎接退潮水流並製造水壓，會建造成微彎但趨近直線的形態，但西衛這七口石滬的滬門卻是明顯向滬房內彎曲，形成類似滬彎的構造，演變成滬房裡長出兩個滬彎的模樣，看起來就像是一隻水母外星人。

有鑑於西衛將近一半的石滬如此，表示滬門構造的不尋常並非偶發個案，那想必會這樣設計一定有它的道理，如今想知道答案，就只能透過在地的老滬主才能理出頭緒。

西衛舊滬的滬主陳德水阿公表示，原來這種滬門的形式被稱作「籠仔圈」（láng-á-khian），適合在水淺的中小型滬房中建造，主要是為了縮小捕魚範圍讓魚群集中，方便滬主自己一個人圍趕魚群的設計。正常情況下，如果滬房裡有大量魚群的話，一般會選擇牽滬仔（khan-hōo-á）的方式來進行大範圍捕撈，但這樣做至少需要兩個以上的人手，而且還會分漁獲，結果就是滬主的

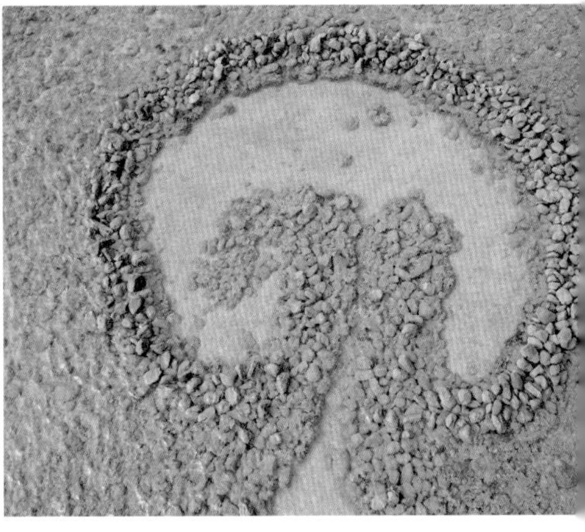

窟口滬。

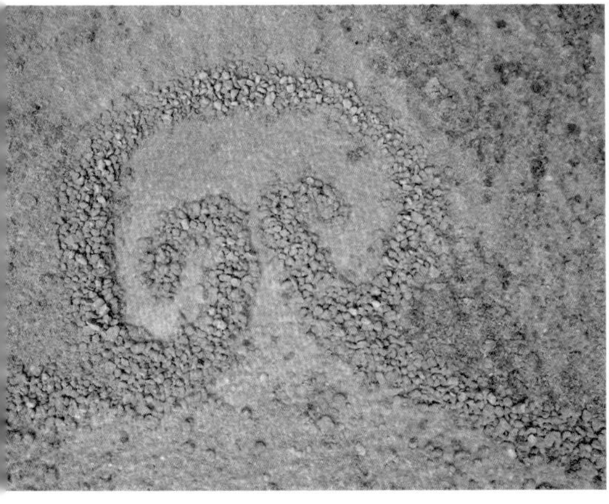

羼脬仔東滬。

獲利減少。

籠仔圈的設計可以說是剛好解決這些問題，內彎的滬門導致滬房的空間逐漸被擠壓限縮，滬主只要在滬房內手持挹仔網一步步緊逼魚群，就可以把魚群趕到籠仔圈內，此時無處可跑的魚群就任人甕中捉鱉了，再左右兩邊各重複幾回，即使滬主只有一個人也不會有漏網之魚，這就是西衛石滬的巧思。

更巧的是，籠仔圈不是西衛石滬的專有名詞，在吉貝村、潭邊村也有籠仔圈一詞，但指涉的意思卻完全大相逕庭，在吉貝，當地人使用籠仔圈來泛稱最簡單原始的弧形滬，而潭邊的籠仔圈則是滬井仔的別稱，相同的石滬用語卻在不同村落中有不同的意義，這個現象不只點出澎湖先民不謀而合的取名邏輯，更體現了因地域而產生出的文化差異性。

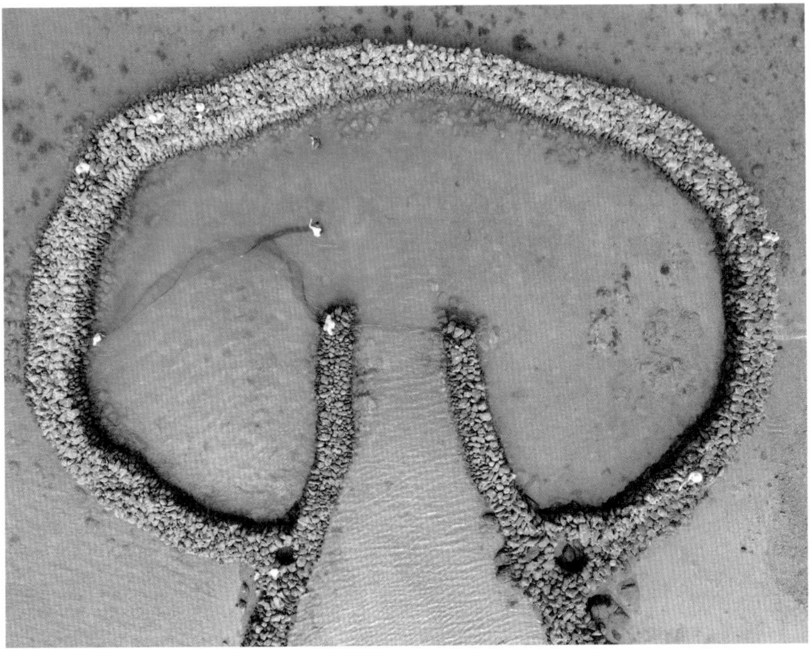

澎湖石滬通常以牽滬仔圍魚，如赤馬牛心灣內滬（圖上）、赤崁倒掛仔滬（圖下）。

目斗嶼西邊口滬。

捕過鯨魚的傳說級石滬！

04

西邊口（sai-pîng-kháu）

位置｜白沙鄉吉貝村
類型｜弧形
年齡｜1815年以前建造
規模｜約277公尺
股份｜15份
開口｜東南

舊滬（kū-hōo）

位置｜白沙鄉吉貝村
類型｜弧形
年齡｜1815年以前建造
規模｜約398公尺
股份｜15份
開口｜北55度西

新滬（sin-hōo）

位置｜白沙鄉吉貝村
類型｜單滬房
年齡｜1815年以前建造
規模｜約408公尺
股份｜15份
開口｜南50度西

一九六三年的寒冬，在澎湖北海的一座孤島，一群滬主為了明日的巡滬而早早就寢，到了半夜三點，突然有不明的轟鳴聲從海邊傳來，那是在這座與世無爭的小島上，最不應該出現的不祥異音，不知道是有敵軍襲來，還是有海怪摸黑上岸，一時之間，滬主們沒人敢起身去一探究竟，只好埋在被窩中暗自祈禱太陽趕快昇起，待天光後，滬主們才循著昨晚發出聲音的方向走去，結果竟發現，石滬裡困了一頭奄奄一息的大鯨魚，真相大白，原來牠就是昨晚騷動的元兇。

這是發生在目斗嶼西邊口滬的真實故事。

只有燈塔相伴的無人島

全澎湖最南邊的石滬是七美雙心石滬，而最北邊的石滬則是在目斗嶼。目斗嶼算是半個無人島，除了夏天才會到訪的遊客，島上唯一的居民只有看守燈塔的管理員。目斗原為墨斗（bàk-táu）之意，可能是某個有木工經驗的先民，在海上看到它的輪廓所取的名，上頭最顯眼的地標是黑白相間的擎天燈塔，整體是一座遺世而獨立的極簡小島。

明治二十八年（一八九五年），野心勃勃的日本艦隊登陸澎湖，不出三天便掌控住整座群島，史稱甲午戰爭

孤懸北海的目斗嶼燈塔為這片最兇惡海域帶來一道光明。

澎湖之役，同年日本也順勢接管了臺灣。明治三十二年（一八九九年），日本在目斗嶼砌下燈塔的第一塊磚，這同時也是日治時期下澎湖的第一座燈塔，即使有著征服世界的雄心，日本政府也無法忽視海域的險惡，澎湖自古流傳有「一礁[2]、二吼、三西流、四鵝豆、五潭門、六東吉」的六大急流禁地，其中海難頻傳的目斗嶼周遭名列第一。

2——目斗嶼西北方有大礁、二礁兩座沉水岩礁，曾有超過五十艘以上的船隻在此處遇難，因此被當地漁民傳為最兇惡的海域。

但其實，早在日本人蓋燈塔的近百年前，不畏暗潮洶湧的澎湖人就在此地蓋起了石滬，清朝嘉慶二十年（一八一五年）以前，來自吉貝的先民陸續在目斗嶼沿岸依序蓋了西邊口滬、舊滬、新滬三口石滬。

最古老的西邊口滬作為個體戶隻身獨立在西海岸，雖然是一口籠仔圈石滬，但因為圓滾滾的曲線，從空中看去，像極了一顆孤單的愛心，而島嶼南面的長礁有一條腳路可以直達舊滬，舊滬也是一口籠仔圈石滬，不過規模較大，身材被拉長變形成一顆帶殼花生，若沿著舊滬再往下走，就會遇到緊連在一塊的新滬，新滬作為一口標準的單滬房石滬，是裡頭最年輕的後輩，三口石滬在目斗嶼由上至下的排序，也剛好呼應著彼此的年資。

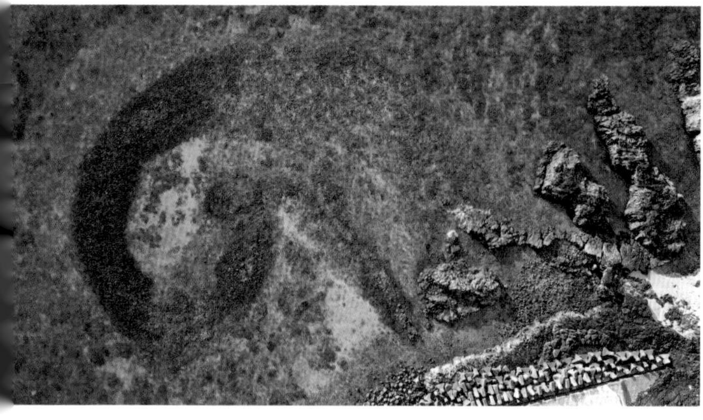
西邊口滬位於目斗嶼西方，故名為西邊口或西邊滬仔，它同時也是全澎湖最北的石滬。

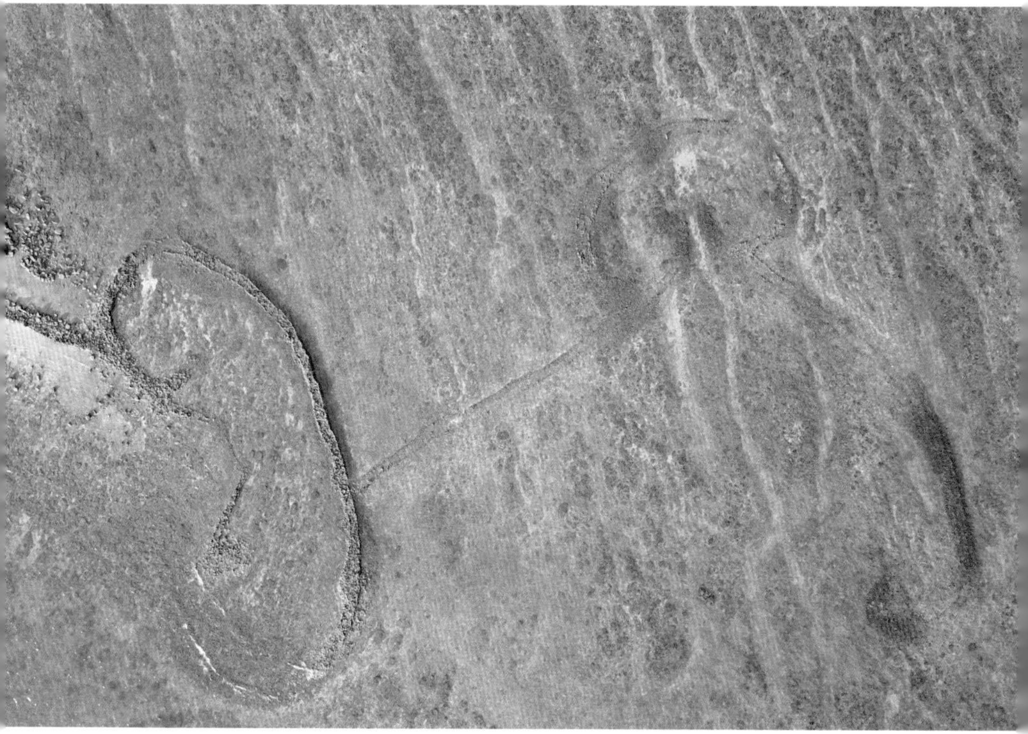

目斗嶼南邊的舊滬（左）與新滬（右）。

石滬漁獲分一股供養宮廟

起初，這三口石滬由同樣來自吉貝的十四位滬主共有，分為十四個股份。明治三十七年（一九〇四年），其中一位滬主有感於吉貝武聖殿的香資不足，便向其他滬主提議，日後目斗嶼三口石滬的漁獲收入都要預留一份捐給廟裡，而且是永久有效的公約，世世代代繼承石滬股份的子孫都要遵守，於是，為避免有人反悔或後代子孫遺忘，十四位滬主立了一塊石碑為誓，並且請來了在地鄉老共同作見證，從此，目斗嶼的三口石滬股份分成了十五份，多出來的一份就捐給宮廟當香油錢，而當時所立的石碑至今仍保存於吉貝的武聖殿中，碑文如下：

> 竊以口碑者，頌一時，石碑者，垂千載。本鄉關帝廟素著靈赫，民咸賴之，尚乏香資。幸總董里人國俊謝君，倡題義金七十圓，就於目斗嶼漁滬業十五份中創建一份，永作廟中公費，垂久神歆。茲我□公議以後，俊之子孫毋論何人不得藉事擅動此款，并目斗嶼有份之人俱各恪遵，斯約長昭。帝廟千秋之首典，以播謝君一瓣心香者，爰勒石以記之。
>
> 歲在甲辰桐春月 吉旦
>
> 本鄉耆老 謝古 莊力
>
> 李泉 楊兩全 等仝立

好巧不巧的是，就在立碑隔年，明治三十八年（一九〇五年），《臺灣日日新報》馬上刊載了一則〈漁人失利〉的報導，在說明目斗嶼石滬漁獲量驟減的狀況。

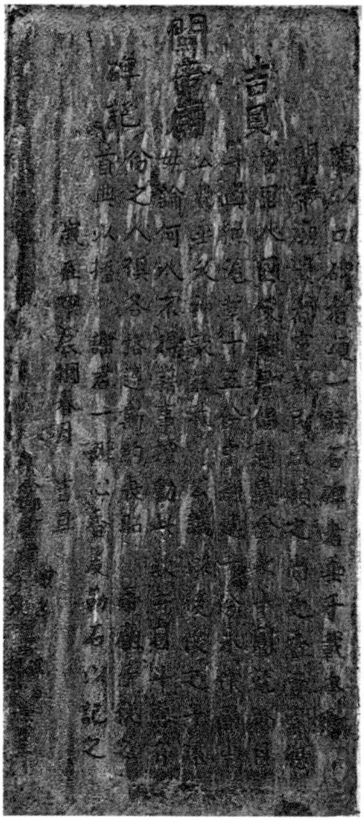

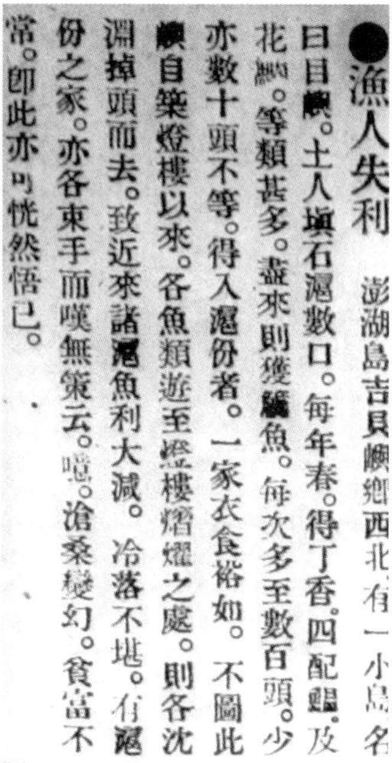

●漁人失利

澎湖島吉貝嶼鄉西北有一小島名曰目嶼。土人塡石滬數口。每年春。得丁香。四配鯧。及花鰛。等類甚多。盍來則獲鰛魚。每次多至數百頭。少亦數十頭不等。得入滬份者。一家衣食裕如。不圖此嶼自築燈樓以來。各魚類遊至燈樓熠燿之處。則各沈淵掉頭而去。致近來諸滬魚利大減。冷落不堪。有滬份之家。亦各東手而嘆無策云。噫。滄桑變幻。貧富不常。即此亦可恍然悟已。

1 | 2

1　一九〇四年，目斗嶼十四位滬主立碑為誓，約定日後的一股漁獲收入要固定回捐吉貝村武聖殿。

2　一九〇五年七月二十七日《臺灣日日新報》，目斗嶼石滬受燈塔光線影響而漁獲大減。（圖片提供◎漢珍數位圖書）

本來只要一到春天，目斗嶼的石滬都會湧進大量的丁香、四破、鰛魚等繁多漁獲，滬主們也因此各個豐衣足食，但自從島上建了燈塔之後，海面上來回閃爍的燈光，就嚇跑了靠近石滬的魚群，進而大幅影響石滬的漁獲量，滬主們的收益大減卻束手無策，也只能感嘆世事無常，並咬牙繼續巡滬。

說到巡滬，一般而言，石滬的漁獲都是由當天輪到的滬主一人獨得，但在目斗嶼上，巡滬的機制卻大不相同，目斗嶼的巡滬是採取團體行動，需要十四位滬主先共同巡滬，然後再均分漁獲。

此制度的形成原因已不可考，最有可能是因應海域環境所產生的變化，事實上，目斗距離吉貝並不近，無論是航行載運或巡滬捕魚都難以一人之力勝任，若十四位滬主一同共進退，彼此也好有個照應。

每年的農曆十二月底就是目斗嶼重新抽滬鬮的時候，十四位滬主會先約好在武聖殿前集合，依照區域分為東岸、西岸兩組人馬，抽鬮決定明年的巡滬順序，其中七人負責巡東岸的舊滬、新滬，另七人則巡西岸的西邊口滬，然後隔天就交換一次，以此順序輪流一整年。

燈塔在薄暮中微微點亮了舊滬。

目斗嶼最佳的收成時機與其它地區的石滬相同，都是大潮水來臨的初三、十八前後三天，在早期交通往返只靠手搖舢舨船的情況下，夏季海況好還可以當天來回，冬天風浪大就只能乾脆在島上住一個禮拜，而一個月會迎來兩次大潮，所以十四位滬主在冬天裡的每個月總有兩次要參加目斗嶼的冬令營，為此，滬主們在島上搭建了短期居住的魚寮，供遮風避雨和處理漁獲。

目斗嶼石滬的漁獲分配也很特別，若是滬內有大魚，像是鮸魚、紅甘、煙仔，甚至是鯊魚等，都是由合作捕撈的組內七人均分，東西邊兩組會各別將漁獲收入分為七點五份，每個人都只拿自己那組的一份，所以最後兩組會各剩下零點五份，合併起來便成為一份，而那一份就是捐獻給宮廟的香油錢。

另外，三口石滬內皆設有十四支滬牙，所以每一位滬主還會有三支滬牙的額外收入，在各自滬牙內捕捉到的丁香魚無論多少都屬於個人所有，不用共享，且為保公平，每三年會重新抽鬮決定滬牙的位置與維修。

舊滬僅剩一支滬牙的形體健在。

大翅鯨自動入滬來！

除了自成一格的巡滬制度，目斗嶼三口石滬最不可思議的傳奇故事，莫過於捕獲鯨魚，而且還不只一次！事實上，鯨魚入滬的故事在吉貝島流傳多年，但透過報導文獻可以找到實質紀錄的一共有四筆，其中有兩次就是發生在目斗嶼的石滬。

一次在百年前，大正八年（一九一九年）《臺灣日日新報》刊載，在目斗嶼的一口石滬，即西邊口滬、舊滬、新滬其中之一，擱淺了一尾萬斤以上的大鯨魚，捕獲上岸之後，經過當時的專家學者鑑定種類，確認為座頭鯨，也

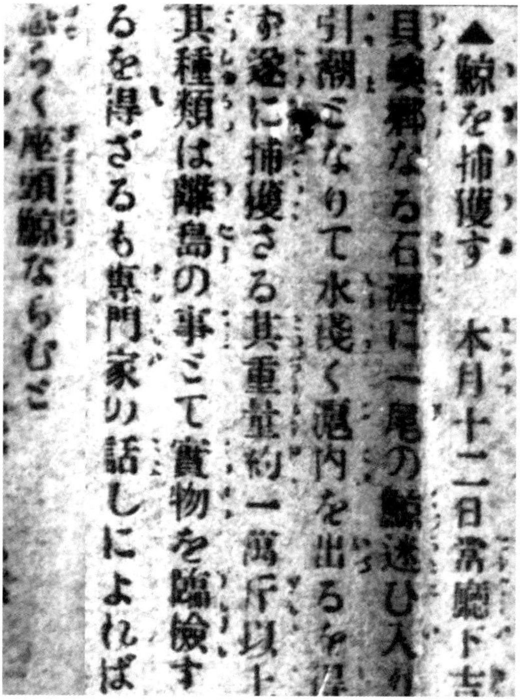
▲鯨を捕獲す　本月十二日澎湖廳下吉
貝嶼轄なる石滬に一尾の鯨迷ひ入り
引潮となりて水淺く滬内を出るを得
ず遂に捕獲さる其重量約一萬斤以上
其種類は離島の事とて實物を臨檢す
るを得ざるも專門家の話しによれば
恐らく座頭鯨ならむと

一九一九年十二月二十日《臺灣日日新報》，目斗嶼石滬捕獲大翅鯨。（圖片提供©漢珍數位圖書）

就是學名為大翅鯨的海獸，這可是在目前世界現存的體型最大排行榜中名列前茅的生物。

另一次則是開頭所講的一九六三年，一頭大鯨魚撞進了目斗嶼中漁獲量最好的西邊口滬，滬主們等到鯨魚沒動靜死了之後，才七手八腳將鯨魚綁在船邊，一路拖回馬公魚市場販賣，航行途中因過重斷過兩次繩子，最後成功拉上岸還得靠海軍的機械吊臂幫忙，一秤量竟重達八千公斤。

然而，馬公這邊只出價兩萬元，於是滬主們就決定將鯨魚運往開價三萬元的高雄，卻沒想到，如此大費周

散了架的舊滬，有如海中的廢棄碉堡。

章的運送成本就占了足足一萬元，故最終雖有成功將大鯨魚售出，但利潤依然只有馬公原先估價的兩萬元，每位滬主也只有分到一千元左右，雖然看似徒勞無功，不過事後回到吉貝，滬主們還是為此一起殺了豬感謝天公。

而在那之後，不要說鯨魚，就連以前常見的紅甘、煙仔都成了奢侈的渴望，一九八〇年代的澎湖石滬已經逐漸走下坡了，反而是毒電炸[3]事件開始直線上升，本來已經漁獲欠佳的西邊口滬，滬體也遭炸藥波及受損，多蒙上了一層灰。

屋漏偏逢連夜雨，一九八六年，

石滬曾經豐收的輝煌歲月，被鎖進這座島嶼的深層記憶，只剩下塔和海與之相望相伴。

一場歷年來對澎湖影響最為劇烈的韋恩颱風襲捲而至，將目斗嶼三口石滬最後苟延殘喘的機會給沖垮，滬主們也就索性不修棄置了，從此，目斗嶼的石滬漁業不復存在，隨之而來的是觀光勝地的加冕，政府所新闢的簡易碼頭，每年迎來的再也不是為日常巡滬集聚一堂的滬主們，而是成千上萬為探索北方靜謐小島的追浪觀光客。

3——使用非法手段捕魚的行為，如投毒、電擊、炸藥等，除了造成大範圍的無差別屠殺，也會連帶影響到日後的海洋生態。

吉貝
瀨仔滬。

會用「牙齒」捕魚
的石滬？

05

瀨仔（luā-á）

位置｜白沙鄉吉貝村
類型｜弧形
年齡｜不明
規模｜約345公尺
股份｜16份
開口｜南40度西

澎湖群島有六百多口石滬，但其中有一個村落自己就占了一百口以上的名額，並獨享「石滬的故鄉」的稱號，它可能是全世界石滬密度最高的島嶼，它就是吉貝島。

吉貝廣大的潮間帶上，滿滿的石滬群

吉貝島上的吉貝村是澎湖最北邊的村落，這裡的沿岸海路被石滬密密麻麻的盤踞著，像是在警告所有經過的海中過客此地不宜久留，這樣的路霸在吉貝就至少有一百〇九個，而且還沒算上散佚在眾人記憶與文獻中的石滬，驚人的數量與密度在澎湖居冠，代表的是吉貝石滬漁業盛極一時，龐大而瑣碎的地方知識是這座島嶼的基底，放眼望去，海面的礁岩、海底的地形、某塊不起眼的灘頭，都可能有著自己專屬的名字，更說不定有著一段口耳相傳的奇聞軼事，裡頭的劇情通常也少不了石滬的戲份。

潮間帶，意即漲退潮之間所顯露出來的地帶，是海洋與陸地之間的分水嶺，也是人類不倚靠工具徒步入海所能走到的最大範圍，要蓋一口石滬，潮間帶是必備的地域條件，吉貝石滬群有著最多樣化的形態與相應而生的構造，便是有賴於得天獨厚的潮

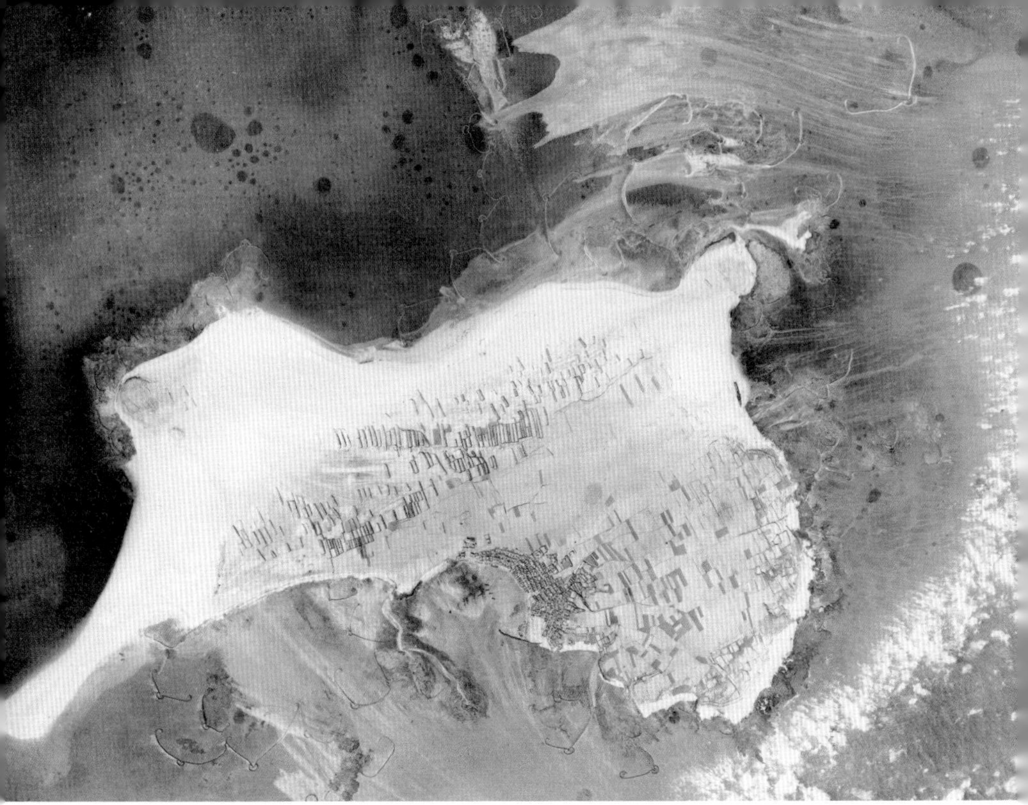

一九四八年的航照圖，拍攝範圍涵蓋整座吉貝島，當時沿岸的八十多口石滬群輪廓一覽無遺。（圖片提供 © 中央研究院人社中心 GIS 專題中心）

間帶環境。

吉貝的潮間帶猶為浩瀚，張潮時島嶼面積僅約三平方公里，退潮後竟可達十五平方公里，隱沒在海水下的真實國土足足多了四倍，每逢大潮，就能看見海面上數以百計、各自為政的島礁，都在這時悄悄地連成一線，彷彿是同出一源的例行宣告，主張彼此是不可分割的一部分，這就是吉貝島潮間帶的先天優勢。

吉貝身為離島，早期資源匱乏、交通不便，須倚靠農漁業自給自足，陸上能栽種的旱地有限，自然就往海田發展，然而，隨著石滬的大鳴大放，姓氏相異的家族通力合作，好的漁場也逐漸成為漁家必爭之地，像填空題一樣，石滬填滿了潮間帶的所有空缺，每一分區域都不留白，被利用到極致、彼此壓縮的結果，就是衍生出相互排擠的領地意識，村人們開始計較起各自的權利範圍，紛紛替地形地貌取上便於識別的名字，最有經驗歷練的討海人，肯定是對自己熟悉的漁場如數家珍。

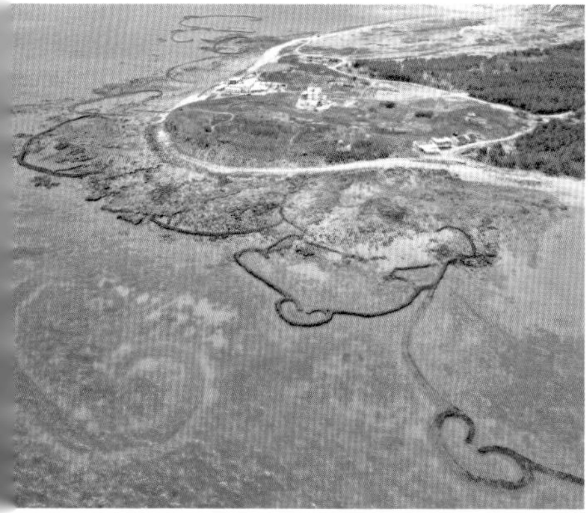

吉貝村西崁山腳下的石滬群現況，數數看有幾口石滬？

長了滬牙的瀨仔滬

在澎湖，大大小小的島礁都有自己的名字，不同的海洋地形地貌也會有各自的定位，最常見的「嶼」，是可以住人或設置人為建物的小島；「礁」，漲潮時依然會裸露在海平面之上的大型岩塊；「坪」，凹凹凸凸的海蝕平台或坡度平緩的珊瑚淺坪，其它還有「溝」、「潭」、「窟」等多不勝數的地貌名稱，全都是先民在海洋環境互動下所建立的知識體系與邏輯，而「瀨」，也是其中之一。

瀨仔滬，是吉貝北方一口弧形的籠仔圈石滬，個頭不小的它，像極了在大

因建造在滿布珊瑚與礁岩的地形上，故名為瀨仔滬，海底土黃色的部分即為「瀨」。

海中沉睡的巨嬰，一條彎曲勾爪與一條筆直石堤構成它的嘴，隨時都準備好開口討魚吃。在石滬百家爭鳴的吉貝，瀨仔滬依然是一口特別的存在，它的名字源自於所處的位置，據教育部《臺灣閩南語常用詞辭典》的釋義，「瀨」(luā)代表河流中的急流和淺灘，而在吉貝，「瀨」泛指遍布大型珊瑚礁且崎嶇不平的海底地形。

在瀨這種場域並不適合進行傳統的牽滬仔拖網，否則大型網具會被礁岩勾得滿目瘡痍，下場就是網破魚跑，因此，在瀨仔滬內會改用驅趕魚群的方式，滬主們直接下水利用人數優勢將大型的魚群，如鯇魚、獅刀魚等，合力趕至岸邊稱為「籠」的天然小水池內。而在面對小型的洄游魚群時，如丁香、鱙仔等，專門捕食的利器應運而生，瀨仔滬的構造也長出了「牙齒」，漁具也換成單人就可輕鬆操作的網桸。

「滬牙」(hōo-gê)，是弧形滬特有的構造，沿石滬內圈周圍堆建矮短石堤，主要供滬主站立其上使用小型網具捕撈小魚，有獨自一人作業的I字形，也有兩人背對背合力的V字形，且滬牙上方與石滬本體之間不會相連，會留有一道名叫「巷仔路」(hāng-á-lōo)的小缺口，讓魚兒可以穿梭游動，方便滬主圍堵網魚。

1 | 2

1　V字形的滬牙，兩端可各站一人捕魚。

2　從水面下觀察，可以清楚地看到滬牙和石滬主體之間那條細窄的「巷仔路」。

白沙鄉的網桸中間有T形握把，用於單手操作捕撈丁香。

不同規模的石滬也會依需求設有不同數量的滬牙，並且按多寡產生相對的使用規則，若石滬內只有一至三支滬牙，通常屬於當天輪值巡滬的滬主專用，多於十支滬牙的話，代表所有滬主在同個潮汐都可以一起捕魚，一口石滬多了幾顆牙齒，也因此多餵飽了幾張嘴。

瀨仔滬靠著一張血盆大口啜飲海水，嘴裡曾至少長有十六支滬牙，象徵著被劃成十六份的股份，同時也是為滬主專設的特權，每一位持有股份的滬主都各自擁有一支滬牙的站位，以保證共享捕撈的權利，且為求公平，每年還會抽籤重新分配滬牙的位置。

特別的是，瀨仔滬雖然有固定的滬主，但卻是一口在吉貝島上並不多見的公眾滬，有著自成一格的共好制度，滬內大魚歸當天滬主，小魚則是除滬牙以外，所有人皆可隨處捕撈，為何有此慣例的形成已不可考，僅能從後世流傳的故事得知，瀨仔滬在吉貝屬於最上等級別的石滬，早期漁源豐碩，秋冬常見眾多村人一同圍魚的畫面，可以猜想，滬主即使有人手協助，也捕不完滬中成群的丁香魚風暴，因此才乾脆開放捕撈。

多年前曾有人提議要在瀨仔滬增建滬房，但考量到如果大小魚都集中到滬房，反而由當日滬主獨占，豈不是失去了公眾滬的美意？所以最終結論只得來一陣反彈便草草作罷。

如今，瀨仔滬仍維持原樣，外人依然可以侵門踏滬，滬牙也給予滬主們基本的漁獲保障，但隨著多代傳承下來，本來就很複雜的股份估計已不只上百位滬主，統籌難度高、漁獲收益低的窘境下，大部分的滬牙已損壞消失，僅剩幾支還完好留下，似乎透露出石滬衰敗如步入晚年的老者，漸漸啃不動而鬆脱的牙齒，只能默默等待還會有換上新牙的一天。

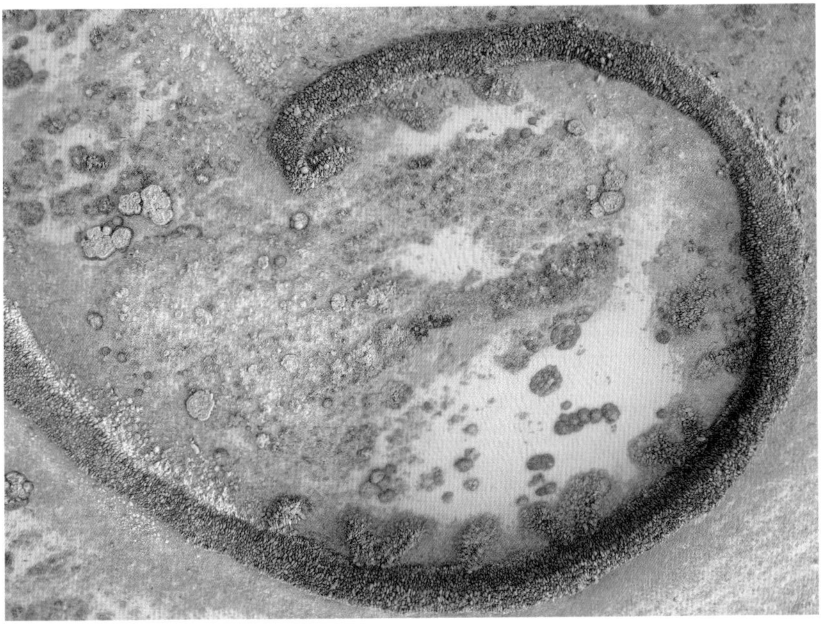

1 約一九八〇年代，吉貝村人在瀨仔滬內圍捕丁香的盛況。(攝影©張慶海)

2 瀨仔滬是澎湖目前現存滬牙數最多的石滬。

潭邊滬井仔。

長耳朵的石滬，展現地域性的設計巧思

06

西頭滬（sai-thâu-hōo/hiō）

位置｜湖西鄉潭邊村
類型｜單滬房
年齡｜1890年以前建造
規模｜約798公尺
股份｜陳、許、歐氏家族共有
開口｜北55度東

港滬（káng-hōo/hiō）

位置｜湖西鄉潭邊村
類型｜單滬房
年齡｜1890年以前建造
規模｜約491公尺
股份｜許氏家族
開口｜北75度東

看了那麼多不同地方的石滬，你是否會好奇為什麼澎湖的石滬都是弧形或愛心形？難道不能蓋成其它的形狀嗎？這幾年因應觀光發展，有滬主透過改造石滬的形狀來吸引遊客，如吉貝的烏仔窟滬從弧形多了三顆愛心，有些人開始天馬行空想像石滬的無限可能，是不是可以蓋成星形？三角形？或其它更複雜的多邊形？其實，澎湖石滬還真的有一些小例外。

歷經長久的脈絡發展，石滬文化在澎湖各村開枝散葉各自茁壯，雖然形態看似大同小異，但還是有些村落在石滬的外形上演化出自己的獨特性，在早期交通不便、資訊封閉的環境下，同個村落的滬主彼此交流效仿、工班相互協力才得以完成石滬，所以同個村落的石滬容易表現出相同的特徵，而該特徵同時也是與其它地區石滬有所差異的證明，可以說石滬文化極具地域性，湖西鄉的潭邊村就是一個很好的例子。

潭邊僅存的兩口石滬

潭邊，可能是全澎湖最具有海洋風情的村名了，相傳，在湖西鄉的北方有一窟深潭，周遭什麼漁產都有，十分豐饒，因此當地的先民選擇就近聚居，後來就被稱為潭邊村。

潭邊村的石滬產業曾經有過風光的歷史，但隨著附近海域蓋起了中正橋與青島魚塭，當地環境與水流產生了不可逆的變化，有些滬主變賣了石滬的石材，有些石滬則是漁獲受影響而被廢棄，目前只剩下西頭滬跟港滬兩口石滬仍在使用，還有人長期巡滬也偶爾會有海龜跑進去作客，其中西頭滬更是全湖西鄉碩果僅存、唯一仍有申請漁業權執照的石滬。

西頭滬跟港滬都是五百公尺左右大型的單滬房石滬，而且彼此手牽著手連成一線，一頭連到岸上，另一頭則綿延到一座海中小島，退潮時，兩口石滬會順勢承接所有流經此處的魚

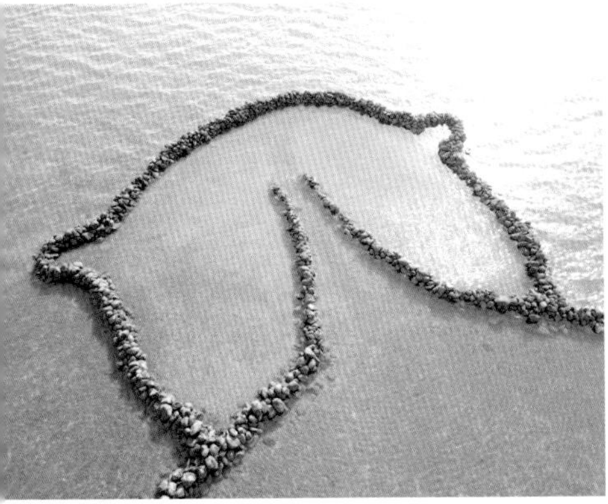

1 | 2

1 西頭滬。
2 港滬。

群，形成一張巨大的攔截網。

最特別的是，西頭滬跟港滬的滬房兩側都不約而同地長著向外凸的小半圓形，看上去酷似一對耳朵，滬房整體就像是一隻逗趣的小貓，為何有如此獨特的構造？而且兩口石滬都有，想必一定是有其道理。

滬的小耳朵——滬井仔

這幾年，一位來自潭邊的青年歐宸源，正在積極記錄家族持有股份的西頭滬，除了參與巡滬也自發性地修滬，他笑說，小時候常跟家人去西頭滬裡玩耍，當時對這個耳朵構造習以為常，甚至一度以為全澎湖的石滬都是長這樣，後來才知道原來這是潭邊石滬的特色，經走訪家鄉與其他滬主深入懇談，他得知這個獨特的構造在地一般稱之為「滬井仔」（hōo/hiō-tsínn-é），或是有些更老一輩的會叫「籠仔圈」，但他強調「滬井仔」跟「魚井」完全不一樣，並不是用來暫放漁獲的構造，而是類似於可以縮小捕魚範圍的「岸仔」。

另一位當地人歐文專先生回憶道，滬井仔除了可以主動圍趕魚群進去捕捉之外，還有一種做法是使用特製的漁具捕魚，他以前常看到父執輩的滬

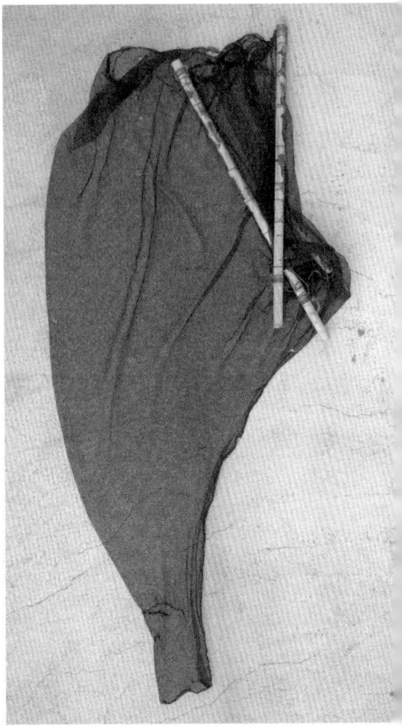

1 西頭滬的滬井仔。
2 網袋較深的挹仔網。

主們在巡西頭滬的時候都很悠哉，滬主會先在滬井仔的上頭擺一根橫桿，然後把網袋比較深長的特製挹仔網放進去架起來，接著就點起一根菸守在滬井仔後，輕鬆自在地等待小魚自投羅網。

原理是這樣，已知入滬的魚群有沿著石堤邊緣前進的習性，所以游啊游、總會游到滬井仔裡，這時候已經架好的漁網就可以啟動捕撈，把魚收入囊中，而且因為網袋比較深，所以挹仔網會被中間的橫桿分為前後兩區，後面拿來存放入網的漁獲，而前面可以繼續捕撈，彼此互不影響，主要目標是體型不大的漁獲。

巧的是，在潭邊隔壁的沙港村，「倚內」跟「水窟」這兩口石滬中也有類似的形態，很可能全澎湖就四口石滬有這樣的構造了，而且都剛好集中在湖西鄉的特定區域內，證實澎湖石滬會因應地域而表現出共通性。

雖然萬變不離其宗，澎湖石滬的外貌不管怎麼變花樣，都還是離不開弧形與愛心形的基礎，但總有一些構造細節能讓人們看出這是屬於哪一個村落的手路，這說明了石滬在澎湖並不是複製貼上的文化，而是會加入當地的觀察去發想出符合現況環境的最佳解。

1/2

1 沙港村倚內滬也有長耳朵。

2 沙港村水窟滬是雙滬房石滬，卻只有單隻耳朵。

紅羅滬仔頭。

曾經輝煌的漁場，
變身最佳
石滬生態教室

07

滬仔頭（hiō-é-thâu）

位置｜湖西鄉紅羅村
類型｜單滬房
年齡｜1948年以前建造
規模｜約192公尺
股份｜7份，洪氏家族
開口｜南35度西

約莫在五十年前，一個月黑風高的夜晚，有個十多歲的小男孩受父親之命，前來巡一巡自家石滬看看裡面有沒有魚，男孩提著電土燈踩著水迅速往石滬前進，一方面是怕黑想儘早完成任務，另一方面也是有點期待可能會看到魚，男孩既緊張又興奮，以至於忘了父親提醒過要等水退到一定程度才可以進石滬，他直接一腳踏上石滬用電土燈照過去，定眼一看才發現石滬裡擠滿了成群的煙仔魚，從伸腳一路到滬房裡裡外外到處都是，魚群數量多到堵住所有去路，然而，在男孩又驚又喜之餘，有部分魚群受到驚嚇，頭也不回地從還沒退乾的滬彎溜走，最後這件事在男孩心中留下了深刻的印象，不管是當時看見魚群的激動，或是不小心讓魚群溜走的扼腕，都成為男孩對於海洋熱愛的啟發，而這位小男孩其實就是日後的坤師，這口石滬便是坤師家族的滬仔頭。

巡滬修滬的功夫都是坤師從小泡在自家石滬中所習得。

紅羅村擁有蓋石滬的絕佳場域，村落北方的海路就像條舌頭般向外吐出，伸長近兩公里的潮間帶淺坪，各式的漁產在上頭應有盡有，甚至還怕討海人在此處捕魚捕到忘我，而為討海人專門設計在海中的避難小屋，漲潮來不及上岸之際可以先在小屋內等待退潮，如此狹長而多產的潮間帶，自然也孕育出全澎湖最大的石滬，全長一公里以上的「大滬」，更因為適合蓋石滬的關係，村內保留了一批馬公本島少數會修築石滬的師傅。

紅羅的冬季是漁獲慶典

雖然海洋的內涵豐富，但實際上，紅羅是一座隱世的聚落，可能就連澎湖人都對這裡很陌生。古早的紅羅是一個農漁村，村人隨四季生活，春夏季忙農事，秋收之後，家中有石滬的人便著手巡視修繕，冬季一到就可以正式迎來石滬的饗宴，以老一輩的經驗來說，第二個寒流的漁獲會比較好，因為第一個寒流過後回暖，魚群會靠岸，當第二個寒流來臨時，魚容易被浪打得暈頭轉向，也就自然會困到石滬裡了。

由紅羅村的洪氏家族所持有的滬仔頭，是在海上距離村落最近的一口石滬，位處三面環繞小丘的內灣之中，唯一沒被包圍的那面便是入海口，是從前滿載老古石的船筏駛回村內的必經之路，沿岸一叢一叢的海茄苳是溼地的標誌，也是村落舊名紅林罩的由來，還有流過村內的西溪，半淡鹹水的交界造就這片潮間帶的豐沃，石滬自然也是受益者之一。

澎湖石滬的年齡動輒兩、三百歲，而最年輕的一批石滬是到日治時期才完工，現年約七、八十歲，其中就包括了滬仔頭。坤師的阿公洪徐早年離開紅羅去到馬公的憲兵隊工作，直到後來為躲避二次世界大戰的美軍空襲而搬回紅羅定居，想以半農半漁的生

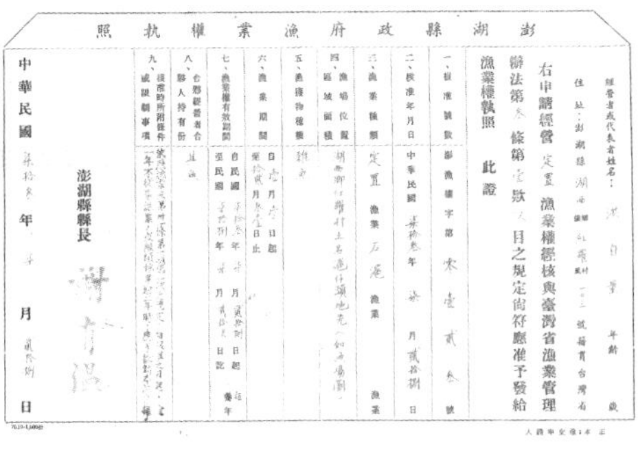
澎湖縣政府漁業權執照

經營者或代表者姓名：[illegible] 年齡 歲
住址：澎湖縣湖西鄉紅羅村 [illegible] 號 籍貫台灣省
右申請經營定置漁業權經核與臺灣省漁業管理辦法第參條第壹款目之規定尚符應准予發給
漁業權執照 此證

一、核准號數：澎漁權字第 [illegible] 號
二、核准年月日：中華民國柒拾參年 月 貳拾捌 日
三、漁業種類：定置漁業 石滬 漁業
四、漁場位置區域面積：湖西鄉紅羅村土名滬仔頭地先（如漁場圖）
五、漁獲物種類：雜魚
六、漁業期間：自壹月壹日起至拾貳月叁壹日止
七、漁業權有效期間：自民國柒拾參年 月 貳拾捌 日起 至民國 [illegible] 年 月 [illegible] 日訖
八、合夥經營者合夥人持有份：
九、核准時所附條件或限制事項：[illegible]

澎湖縣縣長 [illegible]
中華民國柒拾參年 月 貳拾捌 日

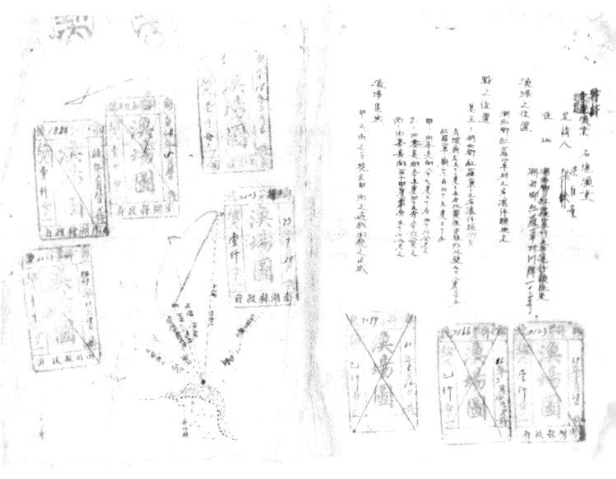

1｜2　1　一九八四年，是滬仔頭最後一次申請漁業權執照。(圖片提供©洪振坤)
2　滬仔頭歷年來的漁場圖審查紀錄，最早可追溯至一九四八年。(圖片提供©洪振坤)

活自給自足，便集結洪合便、洪斐兩家族的成員一同建造了滬仔頭。

滬仔頭是一口有著長短腳的單滬房石滬，左腿短右腿長，右伸腳還有個不明所以的彎曲處，滬仔頭滬如其名，只有兩百公尺不到的迷你體型，所以被稱作「滬仔」，小歸小卻有著神奇的吞吐量，滬仔頭早期的漁獲頗豐，像是紅甘、煙仔、臭肚、剝皮魚、軟絲等都是常客，而且一來就是成群結隊把石滬塞得水泄不通，讓前來巡滬的滬主都寸步難行，在坤師的記憶中，有一次甚至來了一整尾俗稱大耳的中華鰆魚，剛好卡在滬門口動彈不得，每次的大豐收除了全家出擊，更要動用到牛車分批載送漁獲，但有趣的是，因為當時還沒有冷凍設備可以保存漁獲，所以漁獲一般也是不藏私分送給左鄰右舍。

包括坤師在內，洪家小孩最難忘的石滬回憶，莫過於在又黑又冷的大半夜，蹲坐在墓仔埔旁的「圍仔」(ui-é)[4]瑟瑟發抖，除了等待退潮確認漁況之外，也身兼通風報信的報馬仔，若是有魚群入滬，隨即就要通知大人

4 ——又稱滬厝仔、滬圍等，如澎湖農田裡的菜宅，為阻隔東北季風而生，是蓋在石滬岸邊的弧形矮牆，作為滬主在等待退潮時的庇護所，能擋風禦寒並便於觀察海況。

前來圍捕，若是外人跑來偷巡魚，更要馬上請家裡大人來興師問罪，但如果當天石滬空空如也，那就不用吵醒入睡的長輩，只能摸摸鼻子回家就寢。

漁獲量下降，修復成為最佳生態旅遊場域

滬仔頭的股份被分成七份，因為剛好是按一整個星期來分配巡滬的順序，所以各家族也協議不用每年抽鬮這麼麻煩，就乾脆以這個順序延續下去就好。

洪徐自家原有四份，後來嫁女兒有一份作為嫁妝而轉移給同村的許氏，

1｜2

1　坤師說，過去每逢寒流回暖，剝皮魚就容易受困滬中。

2　二〇二一年，嚴重淤積的滬仔頭仍有煙仔來訪。

剩下的三份在星期四、五、日可以巡，而洪合便有兩份，洪斐有一份，各家的巡滬時間就如此持續沿用，直到一九七五年有水產養殖公司在附近興建魚塭，還有一九八六年的韋恩颱風侵襲，紅羅內灣的潮間帶水文產生劇變，漁獲狀況大不如前，從此滬仔頭走入歷史，石滬本體分崩離析，深埋在逐年堆高的砂砱之中，只享受到短暫的漁獲紅利卻英年早逝，甚至被冠上了「倒滬」(tó-hiō)的稱號。

幸好，在二〇一三年，由洪徐的孫子，同時也是時任社區發展協會理事長坤師，率領紅羅村的一眾師傅工班重現家族塵封已久的石滬風貌，在清整地基的過程中意外挖掘到真相，原來右伸腳那突兀的彎曲處竟然是以前滬房的位置，坤師推測是因為當初的水文改變，所以前人才將滬房移位到現址，然後舊有的滬房與右伸腳合而為一，成了特立獨行的線條，這個彎曲的特徵正代表著石滬不是一個死板的建築，而是要時刻順應環境作出調整。

現在的滬仔頭已經修復成形，但依然飽受著砂砱淤積之苦，當年的魚塭不久後就廢棄了，但對於附近潮間帶生態已造成不可逆的傷害，曾經用來運送老古石的航路蕩然無存，換來的是涓涓細流的小水道與平坦的沙地，會造訪滬仔頭的海魚成了稀客，

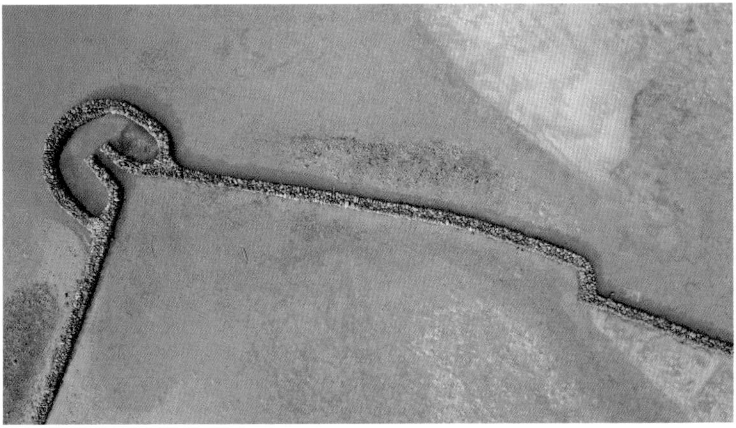

右伸腳不自然的彎曲處為舊時滬房的位置。

反倒是海廢更常光顧，樂天的坤師卻笑說，「垃圾留在石滬裡總比在大海裡好！」雖然少了集魚功能，但現在的滬仔頭搖身一變，轉型為生態旅遊與環境教育的場域，安全又平穩的個性，是全澎湖最平易近人的石滬之一，目前由離島出走工作室固定維護，並長期舉辦石滬主題旅遊。

1 | 2
3

1　二〇一三年，滬仔頭修復前。（攝影 © 劉謦榕）
2　二〇二三年，滬仔頭現況。
3　石滬從傳統漁業逐漸轉型成教育和旅遊的場域。

赤馬牛心灣內滬。

討海人最霸氣的海上嫁妝！

08

牛心灣內（gû-sim-uân-lāi）

位置｜西嶼鄉赤馬村
類型｜單滬房
年齡｜1846年以前建造
規模｜約216公尺
股份｜楊氏家族
開口｜北75度西

牛心灣外（gû-sim-uân-guā）

位置｜西嶼鄉赤馬村
類型｜單滬房
年齡｜1930年建造
規模｜約316公尺
股份｜楊氏家族
開口｜北85度西

說起傳統嫁妝，你會聯想到什麼？一般都是些金銀珠寶，如果家大業大的話，可能會是一塊土地，甚至是一整棟透天厝，但在澎湖，你知道最霸氣的嫁妝是什麼嗎？沒錯，就是一口讓你吃魚吃到飽的石滬。

石滬是澎湖人古時候的傳家寶，它的資產價值不只體現在漁獲量上，在早期漁村中石滬本身還具有自己的社會意義，石滬的股份可以轉移，除了傳統的遺產繼承與買賣交易，也可以當成積欠債務時的抵押品或是出租供他人巡滬獲利，更能作為聯姻用的氣派嫁妝，在澎湖的赤馬村，就有那麼一口石滬不只是單純的股份轉移，而是讓女兒直接帶一整口石滬嫁過去，成為全澎湖最有名的嫁妝石滬，它就是赤馬村的牛心灣內滬。

半農半漁的赤馬村

赤馬村靠近西嶼的尾端，是個農漁並行的村落，從前有一半以上的土地在耕種，海上則有四口石滬負責聚集漁獲，但因石滬漁業發展得比較晚，所以主要還是以農耕為主。

赤馬村的東海岸由北向南有著四口石滬，海鼠仔滬、碼頭滬、牛心灣外滬、牛心灣內滬，都是由楊氏宗族所建的單滬房石滬，前三者是近百歲

牛心灣外滬與內滬，猶如大哥在外護著小弟，在地稱之為兄弟滬。

的年輕石滬，而最古老的牛心灣內滬至少有一百七十年以上的歷史。

在赤馬村的東南方有一座很顯眼的牛心山，隆起的小山丘上戴著一頂玄武岩製的帽子，正好高高在上地俯視著海岸旁的牛心灣內滬與牛心灣外滬，兩口單滬房石滬緊緊相連雙心輝映，一口在內一口在外，都左腳長右腳短，像是一對孿生兄弟，差別只在外滬的形體已近乎消失，而內滬則完好無損，彷彿長年來外滬都默默保護著內滬不受殘酷風浪的侵襲。

相傳，牛心灣內滬原本屬於鄰村內垵村的薛姓人家，但因為女兒要嫁到赤馬村務農的楊家，擔心女兒日後不容易吃到魚，便將牛心灣內滬作為嫁妝一同嫁到了赤馬村。雖然這段故事未曾留下文獻佐證，但牛心灣內滬的確位處赤馬村與內垵村的交界，而且兩村耆老都對此事有所耳聞，所以這段傳說還是具有一定的可信度。

石滬如何作為嫁妝？

在澎湖常見的石滬嫁妝，是以股份來劃分，由女方將一部分石滬的捕魚權利帶到夫家去，雖然澎湖石滬在傳統上並無男女有別的限制或歧視，但畢竟到石滬捕魚需要考驗體力與負重，所以通常還是以男方代為執行捕

牛心灣內滬，祖孫攜手巡滬。（攝影©吳鷗翔）

魚的權利。

如果牛心灣內滬的嫁妝傳說屬實的話，那直接將整口石滬作為嫁妝的闊氣，應該在全澎湖是史無前例的個案，為什麼這樣說呢？

因為按常理，如果只是怕女兒吃不到魚，其實只要分配股份當嫁妝就足以獲取相當的漁產，無須將祖傳的石滬整口帶走，而且也要考量到其他滬主的捕魚權利，難道其他兄弟姊妹不會有意見嗎？

以此為前提，可以推測出幾種有趣的可能性，第一，當初的嫁妝只有一部分股份，但隨著資訊的傳播而出現落差，最後就傳成了整口石滬都是嫁妝；第二，內垵薛家待嫁的女子可能是備受寵愛的獨生女，所以石滬遲早要傳給她，也不會有其他滬主反對的問題；第三，當初內垵薛家是為了嫁女才開始出錢出力蓋牛心灣內滬，說不定還有聯合赤馬村的楊家一起參與，所以石滬本來就屬於她一人所有；第四，當時內垵薛家不只擁有一口石滬的股份，即使有一口送給女兒作嫁妝也沒問題。當然也不能排除其它可能性，但時至今日很多臆測都無法考據了，你又覺得哪種狀況比較有可能性呢？

至今仍有豐盛漁獲入滬

講完牛心灣內滬的嫁妝傳說，回到石滬本身的歷史，赤馬村的老滬主曾表示，牛心灣內滬從前是原始的弧形滬，但不知在何時被改建成有心形的單滬房石滬，據一九一七年日治時期的漁場圖，牛心灣內滬已經被繪成一口單滬房石滬，而當初弧形滬的殘跡在現場還依稀可見。

改建後的牛心灣內滬規模並不大，與原先弧形滬的位置和大小都差不多，緊貼岸邊的滬房左右兩頭各有一口魚井。魚井構造通常會建在離岸遠、水位深、漁獲好的石滬中，並

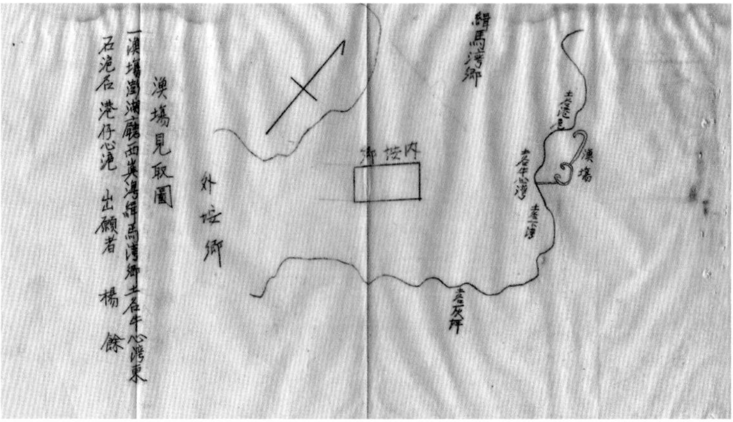

一九一七年的漁場圖，牛心灣內滬已成單滬房石滬。（圖片提供©國史館臺灣文獻館）

且在靠岸的那頭設置一口魚井就已足夠，但鄰近陸地的牛心灣內滬卻出奇地擁有兩口魚井，這無非是代表牛心灣內滬的漁源相當豐沛，實際上，牛心灣內滬也是截至二〇一九年為止，全澎湖仍有申請漁業權執照的十四口石滬之一，更是在西嶼鄉中唯二有申請的石滬，另一口是小池角滬目。

「四月煙，免油煎」是一句常見的食魚諺語，意思是說在農曆四月，俗稱煙仔或炸彈魚的鰹魚正值肥美季節，魚體本身的油脂充足，甚至都不需要加油就可以下鍋煎煮。剛好農曆三月至六月也是牛心灣內滬進煙仔的漁汛期，成群的煙仔魚隨著日益溫暖

1 | 2

1　米袋和糖袋是分裝漁獲的首選，耐用又便於取得。

2　二〇二一年，牛心灣內滬的魚井依然塞滿了花煙（巴鰹）。

牛心灣內滬的滬主與協助牽滬仔的親友團。

的海水湧入澎湖內灣洄游，行經沿岸時一不注意就會落入石滬的陷阱之中。

所以只要潮汐對了，無論是否有魚入滬，牛心灣內滬的滬主楊文燦都會帶上網具到石滬邊上巡過一輪，這是他數十年如一日的例行公事，如果發現有魚群入滬，便會以網子將滬門給堵住，並喚來妻兒一起牽滬仔，量大的話，還會叫上三五好友，甚至是看熱鬧的鄉親共同分工合作。

一人先以長棍拍打滬房水面驅趕魚群，再多人圍網團團包夾，將範圍越縮越小，無路可退的魚兒只好竄入網中投懷送抱，此時眾人就可以不疾不徐地把魚身從網中卸除暫放在魚井，最後一面分裝漁獲一面分送給有出力的親友，滿載而歸的眾人心滿意足地扛上岸，準備回家來處理這些辛勞捕來的新鮮漁獲，這就是牛心灣內滬的日常。

現在的牛心灣內滬依然勇健，直到二〇二一年都還有百餘斤的漁獲，赤馬村的楊氏家族也持續守著這口先祖傳下來的家業，或許在百年前，這種種的捕魚流程都可能是看似平凡的畫面，但在現今，卻成了牛心灣內滬百年來不曾荒廢的美好證明。

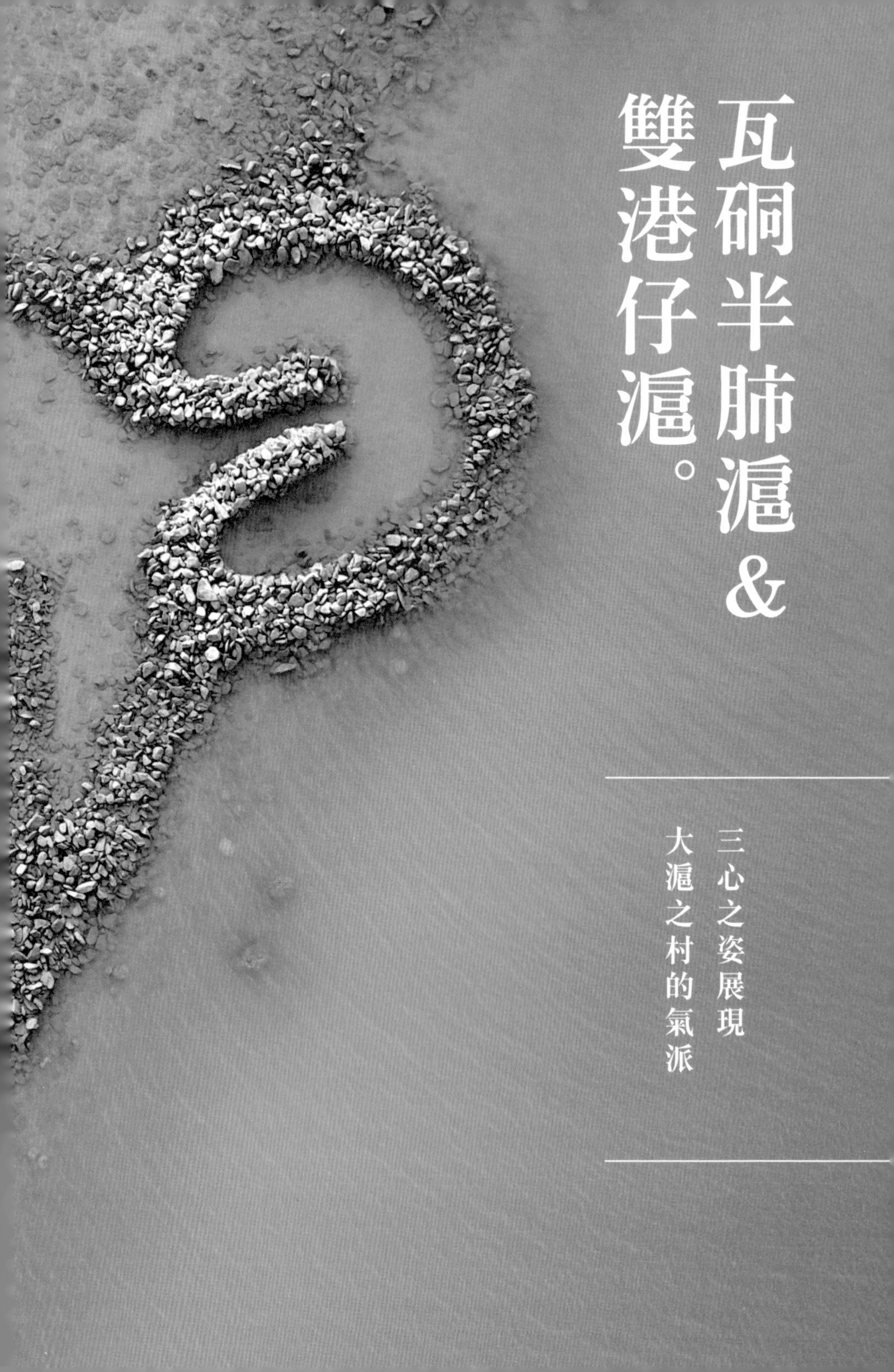

瓦硐半肺滬&雙港仔滬。

三心之姿展現

大滬之村的氣派

09

半肺（puànn-hì）

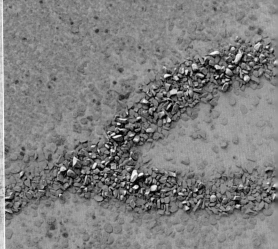

位置｜白沙鄉瓦硐村
類型｜多滬房
年齡｜1815年以前建造
規模｜約644公尺
股份｜許、呂、鄭氏家族共有
開口｜南5度東、北40度西

雙港仔（siang-káng-á）

位置｜白沙鄉瓦硐村
類型｜多滬房
年齡｜1815年以前建造
規模｜約406公尺
股份｜呂、葉氏家族共有
開口｜北30度西、北85度東
北85度東

在澎湖，只要是臨海的村落幾乎都少不了石滬的蹤跡，每座村落的石滬都各有特色，像是吉貝村有最多的石滬群、紅羅村有最大的石滬、潭邊村的滬房有長耳朵等等，那你知道哪一個村落擁有全澎湖最多的三心石滬嗎？哪一個村落的石滬平均長度超過三百公尺？是什麼樣的村落可以把每一口石滬都蓋得足夠長？還特別的有「心」呢？接著就來認識一下這座被世人譽為「大滬之村」的瓦硐村。

瓦硐的大家風範

瓦硐村位於白沙鄉的內灣沿海，提到瓦硐村，多數澎湖人的第一印象應該是張百萬故居，張百萬是一位澎湖歷史上的傳奇富商，關於他發家致富的民間故事多不勝數，其傳奇色彩甚至濃厚到連子孫的故鄉瓦硐村都被沾染。

據說，瓦硐原本是指「瓦筒」，這是一種半圓筒狀的屋瓦建材，一般只有廟宇才會用「瓦筒」來蓋屋頂，就跟只有廟宇正脊末端可以做燕尾翹一樣，這是一種傳統建築的舊有禮制，但在瓦硐當地，有大戶人家也會使用「瓦筒」來修築屋頂，所以有些人認為這就是瓦硐村名的由來。

雖然有學者提出論述駁斥這種說法，但巧的是，瓦硐村不只是陸上的建築風格氣派，就連海上的石滬群都顯得華麗豪奢，似乎是無形中宣示著這裡曾經出過有頭有臉的大人物。

瓦硐全村只有八口石滬，但清一色都有滬房，而且每一口都是三百公尺以上的大滬，總共有三口單滬房、三口雙滬房以及兩口三滬房的石滬，其中最令人驚豔的莫過於兩口比鄰的三心石滬——半肺滬與雙港仔滬。

建造超過百年的三心石滬

全澎湖只有三口三心石滬，而且每一口的形態都截然不同。在吉貝村的烏仔窟滬為三心相連的石滬，是近幾年因觀光目的才特意改建，其原貌為

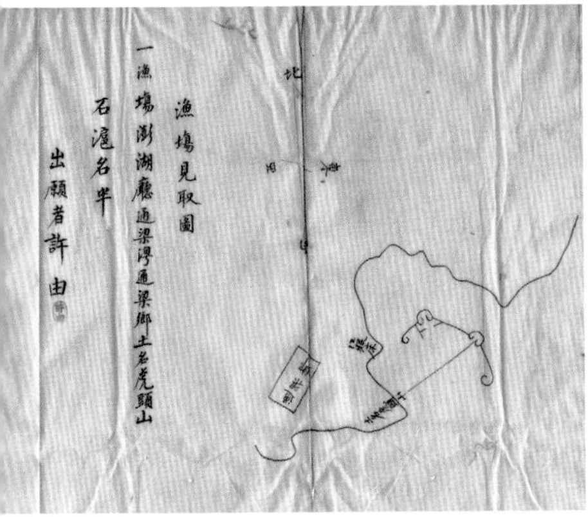

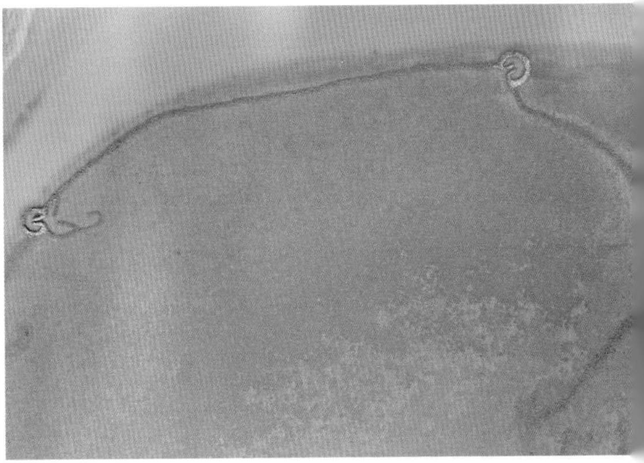

1｜2

1　一九一五年，半肺滬的漁場圖，顯示百年前的半肺滬早有雙心相連的滬房。（圖片提供©國史館臺灣文獻館）

2　半肺滬的空拍現況，「二加一」的三心構造仍完整可見。

一口弧形滬，而另外的半肺滬與雙港仔滬，則是為了捕魚老早就被設計成三個滬房，從一百多年前的漁場圖就可以看到三心的樣貌，可以稱得上是正統的三心石滬。

半肺滬的左邊有兩個滬房相疊，因為形似半隻耳朵而得其名，半肺滬的右邊是孤零零的一顆愛心，整口石滬呈現出「二加一」的奇異外貌，可惜附近沒有制高點可以俯瞰，除了在地人之外少有人知，觀光潛力也未被激發，而半肺滬目前的漁獲功能仍一息尚存，秋冬時還有少許的軟絲跑進去，運氣好時會碰上一些大魚，滬主平時想釣一些底棲類的小石斑也可以去磨滬岸。

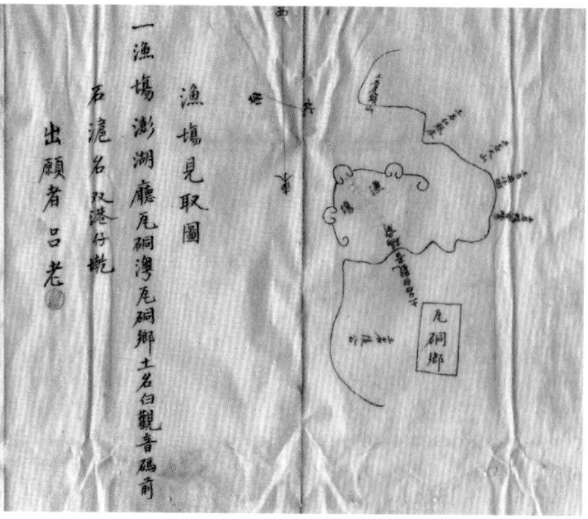

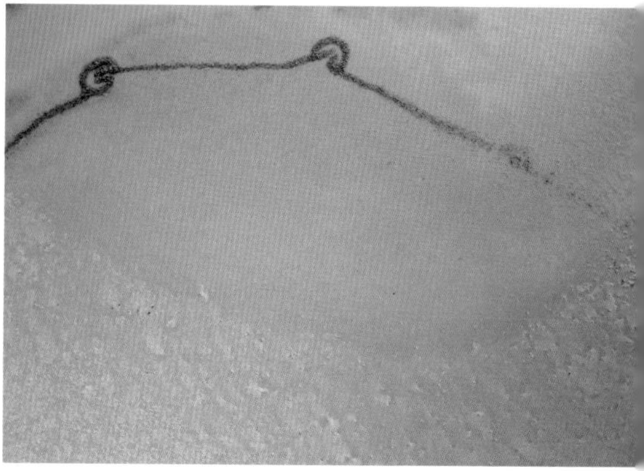

1 | 2

1 一九一五年，雙港仔滬的漁場圖，滬房已呈三足鼎立之勢。(圖片提供©國史館臺灣文獻館)

2 雙港仔滬是全澎湖唯一一口擁有三個獨立滬房的石滬，但目前有一個滬房已近乎消失。

另一口雙港仔滬，因位處瓦硐村沿岸的兩個天然港道之間，所以名為雙港，雙港仔滬的三個滬房是獨立作業，位置平均分散在不同的段落中，過去彼此之間的捕魚範圍分工明確，但現在卻遭受環境一視同仁的對待，捕魚功能幾乎盡失，其中一個滬房也坍塌變形了，如今看起來就像一口雙滬房石滬。

看到瓦硐村坐擁三心石滬的奇景，你是否會好奇為什麼全澎湖只有這裡有？滬房對石滬而言不一定是越多越好，增設與否要視當地退潮的海流方向、魚群洄游路徑、海底地形地貌等因素來決定，即便真的有需求，也並不是說想蓋就蓋，還必須看滬主是否有能力來蓋——滬房是一口石滬中最關鍵也最難蓋的部位，需要有足夠的人力、物力、石料才可以實行，而這些全都關乎到時間與金錢兩大成本，既有能力又有意願負擔成本的滬主當然是少數，所以瓦硐村才會成為極為罕見的石滬特例。

半肺滬，一人在內巡滬，一人在外磨滬岸，互不打擾。

踏查石滬禮貌守則

重要！走訪石滬前的事前準備＆注意事項
一起當個有禮貌的愛滬人～

日期	潮汐	時間	相對當地平均海平面	相對海圖
澎湖縣 馬公 潮差：大 未來30天	滿潮	00:39	111	280
	乾潮	06:24	-49	119
	滿潮	12:10	108	277
	乾潮	18:56	-139	29
澎湖縣 湖西 潮差：大 未來30天	滿潮	00:33	123	326
	乾潮	06:26	-74	128
	滿潮	12:08	118	321
	乾潮	18:41	-165	38

規畫行程前，請先上交通部中央氣象局網頁搜尋「潮汐預報」查閱澎湖潮汐相關資訊：預報中的「乾潮時間」為當天海水退到最底的時刻，「相對當地平均海平面」為當天潮差，「二」的數字越大代表退潮越多。

每日的乾潮時間與潮差[5]程度都不相同，欲前往石滬踏查者，務必提前確認日期與白天退潮的時間，最適合踏查石滬的黃金時段通常是「乾潮前兩個小時出發，漲潮後的一個小時以內回程」最為保險，應避免靠近傍晚或晚上的潮汐，以免不熟悉路況而找不到上岸方向，另還須視實際的路程、氣候、海象、設備、身體狀況等因素而調整，以上建議僅供參考。

又，雖然一年四季都會有合適的潮汐可以踏查石滬，但考量澎湖的東北季風與氣候海象，最推薦踏查的月分為四月至十月。

書中介紹到的石滬們，除了以下這四口適宜有計畫性、禮貌地親近踏查，和七美雙心石滬可由高處欣賞遠眺之外，其餘的石滬仍具一定的危險性，不建議擅自前往！

5——海水漲到最高時稱為滿潮或高潮；而海水退到最低時稱為乾潮或低潮，滿潮與乾潮之間的高低差稱為潮差。

滬目

◎查詢潮汐預報時，若「澎湖縣西嶼」區域的相對當地平均海平面達－100公分以上，即適合前往滬目。

◎滬目離岸約150公尺，要沿途走過一片溼滑的海蝕平台，建議穿著膠鞋前往。

◎因滬目仍有持續申請漁業權，為避免影響當地居民的採捕，請克制住進入石滬擁抱大海的衝動，在岸邊或滬堤上欣賞就好！

◎提醒空拍玩家，因滬目是空拍勝地，所以在起飛前需特別注意附近有沒有其他同行爭位，以免炸機！

瀨仔滬

◎查詢潮汐預報時，若「澎湖縣白沙」區域的相對當地平均海平面達－110公分以上，即適合前往瀨仔滬。

◎瀨仔滬位於離島吉貝，必須從赤崁碼頭搭船，且瀨仔滬在吉貝島的最北方，上島後需要租車才可抵達，所以要事先對好船班與潮汐的時間。

◎瀨仔滬離岸約400公尺，途經崎嶇不平的礁岩，建議穿著膠鞋，因路途不短又水深危險，請切勿下水，務必在漲潮前就動身回程，若覺得瀨仔滬太遙不可及就別逞強！ 吉貝島到處都有石滬，只要潮差有達到－90公分以上，騎著車繞島一周依然可以飽覽石滬風光。

滬仔頭

◎查詢潮汐預報時，若「澎湖縣湖西」區域的相對當地平均海平面達－80公分以上，即適合前往滬仔頭。

◎滬仔頭位於紅羅村內灣，雖然離岸約500公尺，但潮間帶因淤積而變得平坦安全，真的沒帶膠鞋也沒關係，只要有防滑的拖鞋或涼鞋也可以輕鬆抵達滬仔頭。

◎滬仔頭石滬內是爛泥地，建議沿著石滬邊行走，另外需要提醒，附近為三棘鱟的棲地，所以要隨時留意地面再走下一步。

牛心灣內滬

◎查詢潮汐預報時，若「澎湖縣西嶼」區域的相對當地平均海平面達-90公分以上，即適合前往牛心灣內滬。

◎牛心灣內滬緊鄰岸邊，即使不下潮間帶，也可以在岸上好好欣賞石滬的線條，若想近距離接觸牛心灣內滬，依然建議穿著膠鞋。

◎與滬目相同，牛心灣內滬仍有持續申請漁業權，為避免影響當地居民的採捕，請克制住進入石滬擁抱大海的衝動，在岸邊或滬堤上欣賞就好。

西嶼緝馬灣的石滬漁業與其社會文化	陳憲明
澎南地區五德里廟產的石滬與巡滬的公約	陳憲明
澎湖群島石滬之研究	陳憲明
由地質地理環境談澎湖石滬	莊文星
二嶼一港：傳說與史實之間	許玉河
光緒年間碇鉤、鷄膳紫菜採集爭議	許玉河
紅羅罩？洪林罩？	許玉河
拜讀李筱峰·李秀卿／澎湖地名的故事一文 ，所產生之疑問試申論如下，就從吉貝談起	許玉河
澎湖石滬的歷史與文化	許玉河
錠鉤雞善紫菜採集	許玉河
惠安縣志	張岳
七美雙心石滬的誕生	許叁陸
吳錄	張勃
滬我家鄉：吉貝的石滬	張慶海
湖西鄉志	湖西鄉公所
臺海使槎錄	黃叔璥
108年澎湖縣海上養殖區域智慧監測及定位計畫——澎湖縣海域漁業權漁場圖編製及調整成果報告	澎湖縣政府
民國39年澎湖縣統計要覽	澎湖縣政府
澎湖傳統產業建築	澎湖縣政府
澎湖縣文化資產手冊	澎湖縣政府
澎湖縣志	澎湖縣政府

文獻引用

國內外文獻

書名&文獻名	作者
七美鄉志	七美鄉公所
臺灣志略	尹士俍
澎湖石滬之築造開拓年代初探	王國禧、陳正哲
澎湖西嶼石滬之研究	王國禧
澎湖石滬早期記載及起源	吳培基、賴阿蕊
澎湖通梁、瓦硐地名釋義	吳培基、賴阿蕊
漁滬文化的源起與分佈：一個跨國際觀點的探索	李明儒
澎湖石滬2006年滬口普查之研究	李明儒、李宗霖
吉貝石滬記憶圖像	林文鎮
澎湖吉貝嶼的地方知識與石滬漁業	林文鎮
諸羅縣志	周鍾瑄
澎湖的石滬	洪國雄
試論澎湖張百萬傳說	姜佩君
澎湖土生土長之砌石技術研究──原生建築系列研究	陳正哲
澎湖諺語	高芷琳
臺灣府志	高拱乾
桃園縣新屋石滬基礎調查研究計畫成果報告書	桃園市政府
澎頭散人──盧顯及詩稿作品探析	陳愫汎
111學年度學科能力測驗試題──社會考科	財團法人大學入學考試中心基金會
一個珊瑚礁漁村的生態：澎湖鳥嶼的研究	陳憲明

SCIENTISTS DISCOVER ANCIENT UNDERWATER FISH WEIR IN SOUTHEAST ALASKA ── Stone fish trap could be oldest ever found in the world	Sunfish Inc. and Sealaska Heritage Institute
Strangford Lough: An archaeological survey of the maritime cultural landscape	Thomas McErlean、Rosemary McConkey、Wes Forsythe

（依姓氏筆畫排列）

澎湖廳水產基本調查報告書	澎湖廳水產課
臺灣府志	蔣毓英
輿地志	顧野王
石干見の文化誌	田和正孝
石干見ー最古の漁法（ものと人間の文化史）	田和正孝
石干見のある風景（K. G. りぶれっと No. 42）	岩淵聡文、上村真仁、楠大典、田和正孝
海人たちの自然誌──アジア・太平洋における海の資源管理	秋道智弥 、田和正孝
Aquaculture in Ancient Hawaii	Barry Costa-Pierce
The maritime cultural landscape of Yap and marine ecological conservation	Bill Jeffery
Fishing: How the Sea Fed Civilization	Brian Fagan
LOKO I' A "A Manual on Hawaiian Fishpond Restoration and Management	Graydon "Buddy" Keala、James R. Hollyer、Luisa Castro
Prehistoric Fishing at Fa'ahia, Huahine, Society Islands, French Polynesia	J.M. Davidson、B.F. Leach、K. Fraser、G. Burnside
All About the Fish Weir-A Tool of Subsistence Farmers for 8,000 Years or More	K. Kris Hirst
Tuktu- Inuit Culture Documentary Series	Laurence Hyde
Water Needs for Sustainable Taro Culture in Hawai'i	Penn, David C
Fishing at the Stone Weir	Quentin Brown

鄭同佑

鄭承榆

趙冠盈

歐文專

歐宗原

歐宸源

謝沛穎

謝銘受

戴碩毅

趙書儀

劉譽榕

蘇淮

Bibliothèque nationale de France

Bill Jeffery

Hans Van Tilburg

National Gallery of Canada

Société de Géographie

The Mariners' Museum and Park

圖片授權

中央研究院人社中心GIS專題中心

田和正孝

吳文編

吳信輝

建國日報

財團法人大學入學考試中心基金會

國立臺灣圖書館

國史館臺灣文獻館

張慶海

楊和成

楊峻翔

漢珍數位圖書

趙浩宏

（依姓氏筆畫排列）

誌謝

團隊夥伴

吳鷗翔
陳品婕
陳蔚慈
黃朱平

石滬修復參與人員

王泓智
洪金逢
施建軍
洪振坤
洪振發
洪偉淩
洪進陽
洪紹輔
莊景王
許德喜
錢曉萃
戴文欣

特別感謝

王智緯
李昕
李明儒
吳清在
李啟聰
李鎮洋
林長立
林承毅
洪于正
胡文淵
洪正容
柯勇全
紅羅八音團
紅羅石滬工班
紅羅社區發展協會
陳宗惠
陳英豪
陳國文
陳朝謙
許玉河
許芝蓉
許政凱
許梅妤
傅桂霖
楊明哲
董英宏
楊建業

回到滬之島

澎湖石滬與里海生活誌

作者——楊馥慈、曾宥輯

主編——董淨瑋
責任編輯——黃阡卉
裝幀設計——吳佳璘
石滬插畫——草間白鳥

出版——裏路文化有限公司
發行——遠足文化事業股份有限公司（讀書共和國出版集團）
地址——新北市新店區民權路108-3號8樓
電話——02-2218-1417
傳真——02-2218-8057
Email——service@bookrep.com.tw
客服專線——0800-221-029

法律顧問——華洋法律事務所．蘇文生律師
印刷——凱林彩印股份有限公司

攝影協力——陳蔚慈（P.149、154、157、173、177、183、188、189、191、195、197、200、209、215、223、225、228、230、235、239、241、243、245、246、305）

Printed in Taiwan
著作權所有．翻印必究

初版——2023年6月
初版二刷——2024年2月
定價——580元

特別聲明：有關本書中的言論內容，不代表本公司／出版集團的立場及意見，由作者自行承擔文責。

回到滬之島：澎湖石滬與里海生活誌／楊馥慈，曾宥輯．著—初版．—新北市：裏路文化有限公司出版：遠足文化事業股份有限公司發行 2023.6．面；ISBN：978-626-96475-4-5(平裝)

1.文化景觀 2.人文地理 3.澎湖縣

733.9/141.4………… 112008003